广西高校人文社会科学重点研究基地

高校创新创业人才培养研究

王 娜 著

北京工业大学出版社

图书在版编目（CIP）数据

高校创新创业人才培养研究 / 王娜著. — 北京：
北京工业大学出版社，2021.11（2022.10 重印）
ISBN 978-7-5639-8184-7

Ⅰ．①高… Ⅱ．①王… Ⅲ．①高等学校－人才培养－
研究－中国 Ⅳ．① G649.2

中国版本图书馆 CIP 数据核字（2021）第 228493 号

高校创新创业人才培养研究
GAOXIAO CHUANGXIN CHUANGYE RENCAI PEIYANG YANJIU

著　　者：	王　娜
责任编辑：	郭志霄
封面设计：	知更壹点
出版发行：	北京工业大学出版社
	（北京市朝阳区平乐园 100 号　邮编：100124）
	010-67391722（传真）　　bgdcbs@sina.com
经销单位：	全国各地新华书店
承印单位：	三河市元兴印务有限公司
开　　本：	710 毫米 ×1000 毫米　1/16
印　　张：	7.5
字　　数：	150 千字
版　　次：	2021 年 11 月第 1 版
印　　次：	2022 年 10 月第 2 次印刷
标准书号：	ISBN 978-7-5639-8184-7
定　　价：	60.00 元

作者简介

王娜，女，汉族，1982年10月生，滇黔桂边革命老区人文精神与社会发展研究基地成员，现为百色学院土木建筑工程管理学院讲师，硕士，研究方向：创新创业管理及创新创业教育；主要从事管理学、采购管理、大学生创业基础、创商培育、大学生生涯规划与就业指导等课程教学。发表《双创背景下地方本科院校教师教学发展研究》（2020）、《创新创业视域下高校教师的教学发展路径探索》（2020）等多篇论文；主持或参与多项科研项目，如广西滇黔桂边革命老区人文精神与社会发展研究基地课题项目《滇黔桂边革命老区创新创业人才培养现状及路径研究》（JDB06）等课题。

前　言

现今，我国高校普遍存在人才培养理念滞后、教育体系设置不合理、师资队伍整体素质偏低、保障体系不够健全等问题，亟须提升高校创新创业人才培养水平，为社会主义市场经济注入新活力。在国家大力实施大众创业万众创新的大背景下，如何提升大学生创新创业能力，是高校、政府乃至全社会关注的焦点，具有重要的研究价值。当今世界各国之间激烈的竞争实质上是人才的竞争，高校对创新创业人才的培养已经成为我国人才战略的重要支撑。

全书共四章。第一章为绪论，主要阐述了高校创新与创业的研究背景与研究意义、高校创新与创业的相关概念、高校创新与创业的国内外研究等内容；第二章为高校创新创业人才培养的理论基础，主要阐述了创新创业教育理论基础、创新创业人才培养理论基础等内容；第三章为高校创新创业人才的培养，主要阐述了高校创新创业人才培养的状态、高校创新创业人才培养的特征、高校创新创业人才培养存在的问题与成因等内容；第四章为高校创新创业人才培养的模式构建，主要阐述了高校创新创业人才培养的目标、国内高校创新创业人才培养的基本模式、高校创新创业人才培养模式构建的内容、高校创新创业人才培养的激励机制分析等内容。

为了确保研究内容的丰富性和多样性，在写作过程中参考了大量理论与研究文献，在此向涉及的专家学者们表示衷心的感谢。

限于笔者水平，加之时间仓促，本书难免存在一些不足，在此，恳请同行专家和读者朋友批评指正！

目　录

第一章　绪论

21世纪是以科技和人才为根本的时代，在全球新一轮技术革命热潮的推动下，新经济、新业态带来了一连串的新机遇、新挑战和新趋势，而科技创新力的根源在于人才，创新创业人才是创造未来的主要动力，因此，积极推动高校创新创业人才培养具有重要意义。本章分为高校创新与创业的研究背景与研究意义、高校创新与创业的相关概念、高校创新与创业的国内外研究现状三部分，主要内容包括：研究的背景和重要意义、创新和创业的概念界定、创新创业人才培养的概念界定、国内外的研究现状等方面。

第一节　关于高校创新创业教育的研究背景与研究意义

一、研究背景

创新是现代社会经济发展的动能。随着科技不断进步、国际竞争日益加剧，国家竞争聚焦在创新创业水平上，我国创新创业教育的发展模式也发生了深刻的变革，从商业模式创新和消费领域创业的模式向技术创新和生产领域创业的模式推进。鼓励创新创业已经成为包括我国在内的许多国家的政策取向，我国将进入创新型国家的行列。在知识经济时代，创业的地位日益上升，综合型、应用型的高素质创新创业人才将逐步成为促进社会经济发展的首要战略资源。

我国不断加强对创新创业的重视，在"十三五"规划纲要中，有关创新创业的建议贯穿整个纲要始末。2012年，在党的十八大会议中，关于创新创业的内容被反复提及，创新驱动发展战略成为我国发展的重要战略目标。

2014年夏季达沃斯论坛上，李克强总理特别提出关于发展"大众创业，万众创新"的理念，创新创业被提升至一个新的高度。随后我国政府又发布了一系列《关于发展众创空间推进大众创新创业的指导意见》和《关于大力推进大众创业万众创新若干政策措施的意见》等文件。这些举措都表明国家大力推进创新创业发展的决心和力度，表明政府对发展创新创业的高度重视。创新创业作为国家发展的重要战略目标，是我国经济持续发展的重要指导方针，是我们国家和民族发展的关键动力源泉，更成为全面提升我国综合国力的重要指标。

从 2015 年国家号召"大众创业、万众创新"到 2017 年党的十九大对"新时代"的定位，建设创新型国家成为中国强大的必由之路，培养创新创业型人才成为"十三五"期间高校的重要任务。

党的十九届五中全会中，习近平总书记提出 2021 年我国将进入一个新的发展阶段，这个"新"的其中一个含义就是要以科技创新催生新的发展动能，我国经济社会的发展主题将从"高增速"转变为"高质量"，这一阶段的顺利转换必然与自主创新能力的提高息息相关。

当今我国存在的一个发展问题就是自主创新能力较弱，许多关键核心技术仍受制于发达国家，正是由于我国在关键核心技术上的弱势，导致许多中国企业受制于人，大部分利益被发达国家获取。由此可见，创新至关重要，经济的高质量发展离不开自主创新能力的提高。

教育部最新数据表明，2021 年人力资源市场上，有超过 900 万的应届大学生需要就业，而现有的经济发展情况来看，人力资源市场上的就业岗位持续供不应求，市场所提供的岗位无法满足目前大学生毕业需求，大学生就业难问题也一直成为社会各界广泛关注的话题，这个难题如果长期无法解决将影响经济发展和社会稳定。因此，创新创业建设成为我国人才培养的迫切需求，是经济发展和社会稳定的必然条件。

在"大众创业、万众创新"的浪潮下，高等院校作为国家创新创业的关键阵地，发挥着不可替代的重要作用，高校服务大学生创新创业无疑将成为我国创新创业建设的重要组成部分，符合我国创新创业发展的必然要求。

二、研究意义

（一）理论意义

在当前的时代背景之下，如何加强大学生创新创业教育，深化高校创新创业教育改革，提高人才的培养质量，从而更好地服务于国家战略和社会经济发展，是高校研究领域中的一个重大课题。

第一，基于现有的研究成果，深入研究高校创新创业教育，可以拓展高校创新创业教育的内涵和外延，丰富高校大学生创新创业教育理论体系。

第二，通过研究高校创新创业人才培养，有助于更新高等教育理念，深入推进创新创业教育的理论研究，促进高等教育学科发展。

第三，运用教育学、管理学、经济学等多种学科丰富创新创业教育的研究视角，深入探讨高校创新创业人才培养存在的问题，丰富创新创业教育的内容，促进创新创业教育理论更具系统化。

（二）实践意义

近年来国内高校毕业生人数呈现出"井喷式增长"的现象，国内就业形势愈发严峻，社会对人才的要求也越来越高，培养综合型、应用型的高素质创新创业人才极其重要。从实践出发，对高校创新创业人才培养的研究意义体现在以下几个方面：

第一，能够明确创新创业人才培养存在的问题并解决困境。通过对高校创新创业情况进行调查分析，能够明晰目前在创新创业人才培养过程中出现的问题，进而，从当前国内本科生较为严峻的就业形势和社会发展需要出发，解决目前创新创业教育存在的困境。

第二，为高校培养创新创业人才提供参考与借鉴。通过研究高校对创新创业人才的培养状况，进而提升创新创业人才培养质量，可以促进大学生个人素质的全面提高和职业发展，营造良好的创新创业社会环境与文化氛围，为高校在创新创业人才培养方面提供参考。

第三，为促进经济发展、建设创新型国家奠定坚实的基础。有助于解决大学生"就业难"和高校、企业供需不匹配的问题，培养更多的高层次创新型科技人才，实现高质量就业，创新驱动发展方式，转变产业结构，推进和支撑区域经济的发展，建设创新型国家。

第二节　关于高校创新创业教育的相关概念

一、创新的概念界定

（一）创新的含义

创新首先是一种思想以及在这种思想指导下的实践，是一种原则以及在这种原则指导下的具体活动，是管理的一种基本职能。

"创新"一词源于拉丁语。它有三层含义：其一，更新；其二，创造新的东西；其三，改变。根据《汉语大辞典》的解释，"创新"有"创立或创造新的"之义。从词源上分析，"创"主要指破坏，是开始"做"，而"新"是刚获得、刚出现的，与"旧"对应，侧重指事物在性质上改变得更好，是没有使用过的。二者联系起来，则主要指抛弃旧事物，创造新事物，具有鲜明的创造特征。随着时间的推移和社会与文化的变迁，"创新"的含义被赋予了不同的诠释。尽管时代的烙印使其发生了改变，但万变不离其宗。目前我们对其的理解主要在两个方面：创新的一般含义和经济学含义。

从一般含义上来说，创新是淘汰旧的东西，创造新的东西。它是一切事物向前发展的根本动力，是事物内部新的进步因素通过矛盾斗争战胜旧的落后的因素，最终发展成为新事物的过程。现在人们所讲的各种创新，是指对原有事物进行改革或改造，即革除原有事物中不合理和不合规律，阻碍其发展的各种因素，促进事物向好的方向发展。

创新的经济学含义源于奥地利经济学家约瑟夫·熊彼特的"创新"理论。他于1912年发表的《经济发展理论》中使用了"创新"这一概念。他认为，创新是指把一种从来没有过的生产要素的"新组合"引入生产体系。这种"新组合"包含以下五个方面。

①引入一种新的产品或采用某种产品的新特性。

②采用一种新的生产工艺或生产方法。

③开辟一个新的市场，包括经过市场细分而发现的新市场。

④获得或控制原材料或半成品的一种新的供应来源。

⑤采用一种新的工业组织，如建立一种垄断地位或打破一种垄断地位。

熊彼特的创新概念的含义是十分广泛的，包含了一切可以提高资源配置效率的创新活动。他指出，创新是一种创造性的毁灭，最终目的是获取潜在的经济利益。

（二）创新的特征

创新体现在社会和生活的各个方面，创新是人们能动性的首创活动，是一种新价值的实现或者是新思想、新概念在实际生活中的运用，也可以是形成新思想、新观念和新理论的过程，是一种精神境界。创新作为一种活动，既是一种过程，又是一种境界，具有以下几个特征：

1. 首创性

首创性即"第一次"，是历史上从未有过的，是"无中生有"或者是"有中生新"。新的变动、新的组合、新的改进等都是创新。创新可以是完全新也可以是部分新，只要是对旧事物的突破，有所超越，有所改进，与别人的有所不同就是创新。

2. 综合性

从创新活动的过程看，创新是许多人共同努力的结果，即多人投入的产出活动，它既需要技术人员的理论知识和技术，又需要生产者和管理者的共同联合、协作，才能达到预期的目标。因此，创新活动是一项综合性的活动。

3. 高风险性

创新活动的创造性决定其风险性。实践证明，创新能否成功，存在着高度的不确定性，因而具有高风险性。

从总体上讲，获得成功并收到预期效果的创新活动，往往不是多数而是少数，甚至是极少数。创新一旦失败，不仅创新过程的大量投入无法收回，而且会错过发展机会，损害企业的市场竞争能力。

4. 高效益性

创新一旦成功，能获得极高的甚至是意料不到的效益。创新的风险高，但效益更高，创新的高效益性和高风险性呈正相关关系。从总体上讲，创新获得的效率和效益（经济效益、社会效益、生态效益）要大于创新的投入和风险造成的损失。企业的创新不仅使企业在市场上具有竞争优势，而且使它有可能在一定范围、一定时间、一定程度上处于垄断地位，获得超额利益。当然，这种地位会随技术的扩散或更高水平的创新出现而丧失。

5. 系统性

创新的系统性主要表现在：从创新的过程看，创新是涉及战略、市场调查、预测、开发、设计、安装、调试、生产、管理、营销等一系列过程的系统活动。这一系统活动是一个完整的链条，其中任何一个环节出现失误都会影响企业的创新效果。

从创新的影响因素看，创新活动受技术、经济、社会等诸多外部因素的影响。在企业内部，与经营过程息息相关的经营思想、管理体制、组织结构的状况也影响企业的创新效果。从创新的参与人员看，创新是由许多人共同努力的结果，需要众多部门和人员的相互协调和相互作用，以产出系统的协同效应，使创新达到预期的目的。

6. 动态性

事物是发展变化的，不仅组织的外部环境和内部条件在不断发生变化，而且组织的创新能力也要不断积累、不断提高，决定创新能力的创新要素也都在进行动态调整。

从企业间的竞争来看，随着企业创新的扩散，企业的竞争优势将会消失，这就需要不断推动新的一轮又一轮的创新不断确立企业的竞争优势。因此，创新不是静止的，而是动态的。不同时期组织的创新内容、方式、水平是不同的。从组织发展的总趋势看，前一时期低水平的创新，总是要被后一个时期高水平的创新所替代。创新活动的不断开展和创新水平的不断提高，正是推动组织发展的动力。

7. 时机性

创新的时机性是指创新的机会往往存在于一定的时间范围内。如果人们能正确认识客观存在的时机，抓住并充分利用时机，就有可能获得创新的成功；相反，如果人们错过时机，创新活动就会前功尽弃。

由于消费者的偏好不同并处于不断的变化中，同时社会的整体技术水平也在不断提高，创新的时机在不同方向上不同，甚至在同一方向也随着阶段性的不同而不同。而且由于创新成果的确认和保护与时间密切相关，人们只能承认和保护那些在第一时间获得确认并以专利形式表现出来的创新成果。

创新的时机性特征，要求创新者在进行创新决策时，必须根据市场变化趋势、社会技术水平和专利信息状况等进行方向选择，识别该方向的创新所处的阶段，选准切入点，抢先获得创新成果。

（三）创新的分类

创新活动是丰富多彩的，人们不可能永远墨守成规，必然会有发展、变化、开拓与创新。不同范畴、不同领域的创新活动必然是多姿多彩的，创新自然就形成了不同的类型。为了全面掌握各种创新的性质特征以及它们之间的区别与联系，就必须对创新进行分类研究。

根据不同的标准，可从以下方面对创新进行划分。

第一，根据创新成果的首创性划分。这是最常见的划分创新的方法，这种方法将创新划分为原始创新、集成创新与消化吸收再创新三大类型。原始创新属于重大技术领域从无到有的开拓，其本质属性是原创性和第一性。集成创新是指创新过程中应用到的所有单项技术都不是原创的，其创新之处在于对这些已经存在的单项技术按照自己的需要进行系统集成，并创造出全新的产品或工艺。消化吸收再创新是最常见、最基本的创新形式，是产品价值链中某个或者某些重要环节的重大创新。

第二，根据创新成果在世界范围内的影响划分。这种方法可将创新划分为绝对创新与相对创新。绝对创新是在全世界范围内实现首创的创新，相对创新是未在全世界范围内实现首创的创新。绝对创新与相对创新有一个范围的约定条件。

第三，根据创新成果的自主知识产权划分。这种方法可将创新划分为自主创新与模仿创新。自主创新是自己创造出来的有自主知识产权的创新。模仿创新是指通过模仿率先创新者的创新构想、创新行为和创新成果而进行的创新。

第四，根据创新活动的领域划分。这种方法可将创新划分为科技创新、制度创新、文化创新、教育创新、理论创新、营销创新、商业模式创新等。

二、创业的概念界定

（一）创业的含义

第一，组织资源。对创业来讲，不应拘泥于当前的资源约束。正如史蒂文森（Stevenson）、罗伯茨（Roberts）和格罗斯贝克（Grousbeck）指出的那样，创业是一个人——不管你是独立的还是在一个组织内部——依靠运气和机会的过程，这一过程与当时控制的资源无关。

第二，寻求机会。创业是建立在机会之上的，因此任何形式的创业都需要密切关注机会。如果创业者没有发现并捕捉适当的创业机会，创业就很难成功。

第三，价值创造。创业活动是一个价值创造过程。这种价值可以有很多的方式表达，如精神价值、社会价值、资本实物价值，其中资本实物价值更贴近创业的实质。

（二）创业的要素

创业的要素包括机会、资源和创业者。

1. 机会

机会是创业过程的核心推动力，是创业成功的首要因素，特别是在企业创立之初。真正的商机比团队的智慧和技能、可获取的资源都重要得多，所以创业者应当投入大量的时间和精力寻找最佳的商机。

2. 资源

资源的多寡是相对的。对资源最有效的保证是企业首先要有一个强大的创业团队，当创业团队在推动机会实现的过程中，相应的资源也就会随即到位。同时，成功的创业企业更着眼于最小化使用资源并控制资源，而不是贪图完全拥有资源。为了合理利用和控制资源，创业者要竭力设计精巧的创意，尽量选择谨慎的战略。

3. 创业者

创业者是创业成功的最重要因素。事实上，在选择合理的投资项目时，吸引风险投资家的往往是创业者的卓越才能。

创业三要素对于创业活动来说，缺一不可，没有机会，创业活动就成了盲目的行动，根本谈不上创造价值；没有创业者识别和开发机会，创业活动也不可能发生；成功的创业者把握住合适的机会，还需要有资源，没有资源，机会就无法被开发和利用。机会、创业者、资源之间的平衡和协调是创业成功的基本保证。

（三）创业的模式

在当今的环境之中，有以下几种常见的创业模式。

1. 网络创业

网络创业指有效利用网络资源的创业。网络创业主要有以下两种形式。

一是网上开店，即在淘宝网等商城注册成立网络商店。

二是网上加盟，以某个电子商务网站门店的形式经营，利用母体网站的货源和销售渠道。

2. 兼职创业

兼职创业即在工作之余再创业。如教师、培训师可选择成为兼职培训顾问；业务员可兼职代理销售其他产品；设计师可自己开设工作室开展工作；编辑、撰稿人可以向媒体、创作方面发展；翻译可兼职口译、笔译工作；律师可兼职作法律顾问。

3. 团队创业

团队创业指具有互补性或者有共同兴趣的成员组成团队进行创业。事实证明，如今社会发展飞速，创业环境也在不断变化，在这种情况下团队创业成功的概率要远高于个人独自创业。一个由研发、技术、市场融资等各方面组成的优势互补的创业团队，是创业成功的法宝，对于高科技创业型企业来说更是如此。

4. 大赛创业

大赛创业即利用各种商业创业大赛，获得资金提供平台，众多企业都是从商业竞赛中脱颖而出的，因此大赛创业也被形象地称为"创业孵化器"。如清华大学王科、邱虹云等组建的视美乐；上海交通大学罗水权、王虎等创建的上海捷鹏等。

5. 概念创业

概念创业即凭借创意、点子、想法进行创业。当然，这些创业概念必须标新立异，至少在打算进入的行业或领域中是一个创新，只有这样，才能抢占市场先机，吸引风险投资商的眼球。同时，这些超常规的想法还必须具有可操作性。

6. 内部创业

内部创业指在企业的支持下，有创业想法的员工承担公司内部的部分项目或业务，并且和企业共同分享劳动成果的过程。这种创业模式的优势就是创业者无须投资就可获得充足的资源，这种"大树底下好乘凉"的创业模式优势明显，受到很多创业者的青睐。

三、创新创业教育的概念界定

（一）创新教育

1. 创新教育的内涵

学界对"创新教育"代表性的概念定义，有如下几种：①创新教育是指利用遗传与环境的积极影响，发挥教育的主导作用，充分调动学生认识与实践的主观能动性，注重学生的主体创新意识、创新精神、创新技能的唤醒和开发培育，形成创新人格，以适应未来社会需要和满足学生主体充分发展的教育。②创新教育是随知识经济兴起而出现的一种新的教育理念，要求教育以创造为本体，培养学生的创新意识、创新能力、创新人格。③创新教育可以理解为知识经济和信息时代所需要的，以培养学生创新意识、创新精神、创新能力、创新技能为目标，以现代大学为主要实现机制的教育观念、教育思想、教育形式和教育模式。究其大类，可以分为两种：一是把创新教育定义为一种相对于守成教育、接受教育等传统模式而言的新型教育；二是把创新教育定位为以培养创新素质（包括创新意识、创新思维、创新精神、创新能力、创新人格等）和创新人才为目的的教育活动。

我们认为，创新教育首先是一种新的教育理念，是对传统教育观念和模式的反思、否定和升华，也是现代教育的灵魂。同时，创新教育还是一种教育活动，是培养学生创新精神和创新能力的一系列教育实践。故而，创新教育是与"客体"

教育、精英教育相对立的，坚持"创造本位"，是培养学生再次发现能力、实践能力的教育理念和教育实践的统一体。

2. 创新教育的特征

第一，创新教育是一种旨在培养创新人才的教育。教育的根本目的说到底是培养全面发展的人，而在人的全面发展中，最重要的是人的创新精神、创新思维与创新能力。高等学校培养创新人才，首先要培养学生鲜明的创新个性，要以人为本，因材施教；其次要做到学校社会化，要加强学生的实践环节，提高学生解决实际问题的能力；再次要使学生兼具人文精神与科学精神；最后要使学生具有国际竞争与国际合作能力。

第二，创新教育是一种超越式教育。传统教育强调的是如何学习和积累前人的知识，从本质上来说，这种教育方式只是在发挥复制前人知识的功能，并无深刻且内涵独特的创新意义可言。创新本身就意味着超越，相对于传统教育，创新教育强调的是在积累前人知识的基础之上，不断创新，超越前人。创新教育就是要培养学生以积极主动的精神去丰富、创新和发展前人的知识。因此，可以说创新教育是一种超越式教育。

第三，创新教育是一种主体式教育。教育理论早就倡导学生是教育的主体，但传统教育模式却以学科和专业为中心，学校按专业来安排课程，教师以学科知识的系统性和连续性进行讲课，学生则以学校安排好的专业和课程进行学习。这种教育模式强调的是作为教育客体的学科，而不是作为教育主体的学生，其教育方式是呆板、僵化，学生缺乏充分的自主选择权，是一种客体式教育。与传统教育相比，创新教育培养的是创新人才，追求人格发展的特异性与和谐性相统一。创新意味着尊重个性——创新教育以学生为中心，坚持从学生个性出发，注重学生个性的培养和发展，给学生以充分的自主选择权，以最大限度地激发学生的积极性、主动性和创造性为目标。在传统教育中，学生是分数和书本的奴隶；在创新教育中，学生则是学习的主人。

第四，创新教育是高层次的素质教育。素质教育是现代教育思想的体现，其内涵是面向全体学生，全面培养学生的基本素质，培养学生的创新意识和创新能力。创新是一个综合的素质，从这个角度上说，素质教育是创新教育的基础，因为只有在素质全面发展的基础之上，才能形成创新精神和创新能力。而从教育模式的角度来看，创新教育则是高层次的素质教育，它所培养的素质不是一般的素质，而是代表人类本质最高体现的创新素质。

（二）创业教育

1989 年 12 月，联合国教科文组织在北京召开的"面向 21 世纪教育国际研讨会"正式提出了"创业教育"的概念。从广义上说，创业教育是为了培养具有开拓性的个人。

关于"创业教育"的概念和内涵，学界存在诸多观点，大致有以下表述：① 大学生创业教育，就是通过高校课程体系、教学内容、教学方法的改革以及第二课堂活动的开展不断增强大学生的创业意识、创业精神和创业能力，并将其内化成大学生自身的素质，以催生时机成熟条件下的创业人才；有学者认为，创业教育是指以创办企业所需要的创业意识、创业精神、创业知识、创业能力及其相应实践活动为内容进行的教育。②创业教育是开发和提高学生创业基本素质的教育，是一种培养学生的事业心、进取心、开拓精神、创新精神，进行从事某项事业、企业、商业规划活动的教育。③创业教育应体现为以人的创新能力和综合素质的培养为核心的广义的创业教育和以创业基本素质与具体创业技能的培养为主要目标的狭义的创业教育的结合。④创业教育是指开发和提高青少年的创业精神和创业能力，培养未来企业家的教育思想和教育实践，是相对就业教育而言的一种教育理念、教育模式。创业教育就是培养学生创业意识、创业精神和创业能力的教育。

此外，众多学者都从广义和狭义两方面对"创业教育"进行定义，但对两方面内容的界定则存在诸多不同：有学者认为广义的创业教育指以激发学生创业意识，培养、开发学生创业素质与能力为核心，以培养可能的未来企业家为最高目标的教育；狭义的创业教育即指创业培训，以培养自主创业、自谋职业的小老板为唯一目标，通过培训为受训者提供创业所需的知识、技能、技巧和资源，使其能开创自己的事业。有学者则认为广义的创业教育就是要培养开创性个性的人；狭义的创业教育是一种培养学生从事商业活动的综合能力的教育，使学生从单纯的谋职者变成职业岗位的创造者。还有学者认为，广义的创业教育是培养具有开创性的人，通过相关的课程体系，提高学生的整体素质和创业能力，使其具有首创精神、冒险精神、创业能力、独立工作能力以及技术、社交和管理技能；狭义的创业教育则指为创办企业所接受的职业教育。

学界对于"创业教育"的具体范围虽然认知不一，但不存在本质区别。总的来讲，从广义和狭义两个角度认识创业教育则更为全面和合理，狭义的创业教育，即为创办企业所进行的教育活动；广义的创业教育则是创业素养教育，即为培养创业素质和开创性人才的教育理念和教育实践。

（三）创新创业教育

第一，创新创业教育是"四创"合一教育。创新创业教育是创造、创新、创业、创优合一的教育。创造是一种思维方式，创业是一种生存方式，创新是一种发展能力，创优是一种精神品质。

从最广泛意义上讲，所有新颖的、独特的、具有价值的物质或者精神成果都属于创新，试图做出这种创新性成果的活动过程就是创造，利用商业机会和社会资源将这种创新性成果（产品及服务）具体应用于生产经营活动、增长社会财富的动态过程就是创业，而创优则贯穿于创造、创新和创业的始终。

也就是说，创造就是提出新想法、造出新产品、构建新理论的一个从无到有的过程；创新就是对现有事物的再认识、再发现；创业则是在创新和创造的基础上，将创新和创造的结果应用于资本、技术、管理、制度等方面，产生经济效益和社会效益；创优则是创造、创新和创业的升华。

创新创业教育就是以培养创造性思维、创新精神、创业能力、创优意识为目的的教育形式，其注重人的主体精神和全面发展。

第二，创新创业教育是新型素质教育。人类社会的教育经历了从守业教育到素质教育再到创新创业教育的伟大变革。守业教育属于传统教育模式，即以保守的教育思想为指导，以注重传统和维护现有秩序为宗旨的教育活动。

守业教育以继承为本位，忽略了人的创造性，在我国具体体现为应试教育。"重教有余，重学不足；灌输有余，启发不足；复制有余，创新不足"是守业教育的典型特征，学生"应试能力强，动手能力、实践能力差"是守业教育的结果描述。在反思传统教育模式的基础上，一种新的教育理念和教育模式——素质教育应运而生。素质教育注重培养人的健全人格和综合能力。

随着高等教育迈入大众化阶段，创新创业教育成为历史必然。创新创业教育是素质教育发展的新阶段，是知识经济时代素质教育的具体要求和新型体现。创新性思维、创新精神、创业能力、创优意识是新时代人最重要的素质，创新创业教育则是以上述学生素质为培养目标的教育实践活动，具有创新性、实践性、主体性、互动性等特征，是素质教育的深入与发展、延伸和拓展。创新创业教育也使得素质教育的目标更具体、更升华、更具有操作性，也更与时俱进。当今各国都非常重视创新创业教育，我国亦将创新创业教育作为突破口，改革教育体制，全面推进素质教育。

第三，创新创业教育并非独立的教育体系。与基础教育、职业教育、继续教育三大教育体系相比，创新创业教育在国外发达国家的独立化趋势越来越明显，但其本身并不是一个独立的教育体系。

创新创业教育仍采用建立在这三大体系基础之上的教育理念、教育思想、教育形式和教育模式，创新创业教育融合、贯穿于三大教育体系之中。诚然，创新创业教育模式是对传统守成性、适应性、专业性教育模式的改造、延伸和提升，但其不能脱离传统教育模式而存在，只是其更强调基础教育、职业教育、继续教育的融合，更注重知识教育、能力教育和情感教育的结合。

四、创新创业人才培养的概念界定

（一）创新型人才

1. 创新型人才的内涵

创新型人才是当代社会寻求发展的根本条件。缺乏创新的社会，其发展必陷入停滞，缺乏创新型人才的社会，其发展也将受到巨大的影响。随着我国改革开放的持续深入，创新成为推动社会持续发展的内在动力。在"建设创新型国家"重大战略实施过程中，面对新形势、新任务，如何培养创新型人才是包括高校在内的所有机构和组织亟待解决的问题。要解决这一问题，分析并把握创新型人才的内涵和特征就显得尤为重要。创新型人才应该是具有创新精神、创新能力和创新人格并进行创新实践的人才，是能根据一定目标，运用所掌握的一切知识和信息创造出某种新颖的、独特的，有社会价值、经济价值和个人价值的有形或无形产品的人。当代大学生是未来社会建设的主力军，是建设创新型国家的主要力量，具备创新精神、创新能力和创新人格并进行创新实践，不仅是创新型人才的基本素质，也应该是当代大学生所努力追求的基本素质。

2. 创新型人才的特征

（1）创新精神

创新型人才首先应该具备创新精神。创新精神是支撑各项创造性活动不断展开的起点，也是创造性活动不断深入、不断完善、不断循环再发展的保证。创新精神属于意识层，具有不可见性；同时，也具有物质实在层，即创新精神指导下的创造主体人所创造的一切物质产品（包括无形产品）。

（2）创新能力

要成为创新型人才，仅仅拥有创新精神是不够的，创新能力是创新型人才必备的素质。创新能力是指将创新精神投入到具体的某项创新活动过程中所需要的实际个人能力，包括实践能力、表达能力和组织策划能力。创新能力是创新精神的展现手段,创新精神是创新能力得以展现的前提。在不同的领域,要取得成功,不仅需要具有创新精神的人,同时也必须得拥有绝对执行力的人,而这类拥有绝对执行力的人都有一个共同的特征:创新能力。

(3)创新人格

创新人格是指有利于创新活动顺利展开的个人品质和道德,它具有高度的自觉性和独立性,是一个人的品质与德行问题。创新人格的特点,是以服务社会为己任,敬业爱岗,刻苦钻研,开拓进取,坚韧不拔。创新人格是创新主体进行创造性活动的心理基础,如果缺乏创新人格,创新主体就不能获得持续创新的动力。

(4)创新实践

创新实践是创新精神、创新能力及创新人格的具体落实。创新实践是落实创新精神,检验创新能力,体现创新人格的重要手段,是创新型人才成长过程中必须经历的过程。创新实践主要通过创新活动、创新成果和创新奖励体现。

①创新活动。创新活动是指创造主体将自己的创新思维付诸实践的过程。创新活动是创新型人才成长过程中必须经历的阶段。当代大学生处在一个创新的大语境中,应当顺势而为,充分利用现有资源进行创新活动。

②创新成果。创新成果是创新实践的最终结果,是创新思维、创新理念的物质承载体。创新成果形式是丰富多样的,大体可以分为有形产品和无形产品。有形产品是指具体的事物,如公司企业、特色饮食、旅游产品等;无形产品是指互联网形态下的各类衍生产品,如各类 App、影视作品、音乐作品等。

③创新奖励。创新奖励是创造主体在各类创新竞赛或者创新活动中获得的荣誉,它是对创造主体创新精神的鼓励,也是其创新实践获得认可的证明。目前,政府颁布一系列旨在促进大学生创新创业的鼓励措施,其中的创新奖励所占比重也很大。在这样的大环境下,创新型人才将会不断增长,并且会带动整个社会向创新创业的方向发展。

(二)创业型人才

创业型人才是指具有充分的知识积累,善于捕捉市场机会,能合理利用社会资源,积极投入到创业实践中,不断开拓、探索,为社会创造价值的开拓者,用自己的创造性劳动,为社会发展和人类进步做出贡献的人。

创业型人才的类型有很多,通常情况下,主要包括自主创业型人才和岗位创业型人才,人才培养保障系统不仅鼓励学生创办企业,引领发展,还希望通过创业教育，让学生具备创业意识，创新精神和创业技能，将来成为各自工作岗位上的创业者。

（三）创新创业人才

1. 创新创业人才的内涵

创新与创业是两个既相联系又相区别的概念，创新与创业都源于创新的思想，二者密切联系，创业以创新为前提和基础，没有创新就谈不上真正意义上的创业。创新不等于创业，创新是抛去旧的，产生新的，体现在对现有事物的更新改造过程上，其结果一般是具体的物质和思想。创业也不等同于创新，创业体现在将创新应用于技术、制度、管理等方面，其目的是产生出一定的经济效益。

由此可见，创新人才与创业人才也是既相关又存异的，但创新创业人才并非二者简单的叠加。郁震等认为，创新创业人才是具有首创意识、敢于冒险、创新创业能力、人际社交能力、企业家思维以及技术和管理技能的复合人才。王乐芝认为，秉承素质教育的培养目标，应该在注重学生全面发展的基础上，重点培养他们的创新创业精神、创造性人格、创新创业知识以及创新创业技能等素质，并可以将这些素质与本专业的实践合理结合起来，进而开发出创造性成果，这种才被称为创新创业人才。毛国涛认为，创新创业人才应具备基础层面的理论知识、操作层面的实践能力、核心层面的创新思维和心理层面的创业能动性。

国外有关创新创业人才的研究，像美国、英国、日本等国家，他们虽然没有对创新创业人才提出明确的定义，但在教育目标的设定上，从基础教育阶段到高等教育阶段，培养人才都体现着对人的创新性或创造力的培养。国外注重从心理学的角度研究人的"创造力"或"创造性"，如"创造性思维""创新人才""批判性思维"等。相比我国，国外对创新创业人才的理解更为宽泛，他们非常认同在追求人的个性全面发展的基础上，注重培养他们的创新意识和创新能力。

国内外学者对创新创业人才的理论研究，有利于我们全面认识创新创业人才的内涵。因此，总的来讲，所谓创新创业人才，一是应具备一定的理论素养；二是应具备创新精神和创新能力；三是同时能够在创新思维基础上进行实践活动，将理论知识运用于创业实践，并取得较好的实际业绩或社会评价反馈。

2. 创新创业人才的特征

（1）具有企业家的共同特征

创新创业人才也是企业家群体中的一员，这些高校的企业创新创业人才具有企业家精神。具体主要表现在：创新性、承担风险能力、发掘和把握机会的能力、强烈的责任心和进取心，以及良好的沟通、管理、组织和领导才能。所谓创新性，是指个人开发新产品、引入新生产方法、开辟新市场，及构建一种新的组织形式的意愿。风险承担则是指个人能够承担由企业日常生产、经营管理以及创新和先动行为所引起的风险的能力。发掘和把握机会的能力是指能够识别出市场上存在的潜在机会或者改进企业日常生产和管理问题的能力，并且同时还能够针对这些机会和问题采取相应的措施，以在激烈的市场竞争中抢占先机的能力。强烈的责任心和事业心也是企业家精神的重要组成部分，熊彼特首先提出企业家是一个极为渴望成功的异质性群体，这种对成功的渴望既有物质上的，也有精神上的，他们想要积累个人财富、得到他人认可，并对企业员工的生活和事业具有强烈的使命感和责任感。企业家的沟通、组织、领导、监督和管理才能体现为两个方面：一方面是涉及企业内部的计划、组织、领导、监督和控制；另一方面是涉及与外部环境协调和沟通、对个人进行营销以及影响外部环境的能力。

（2）坚实的知识基础

坚实的知识基础是高新技术人才开展科学技术研究的基础，是其在多年的研发工作中积累起来的显性知识和隐性知识的总和。而且在当今科学技术发展趋势的引领下，高新技术人才的知识基础开始趋向多学科交叉拓展。

（3）拥有明确的创新意识

拥有了创新意识，创新创业人才将具有丰富的想象力和求异思维，具有对新事物的好奇心和对环境变化的敏感性，能够做到在看似没有问题处提出问题、在常人想不到之时提出设想，尊重科学但绝不墨守成规。只有在创新意识的指引下，创新创业人才才有可能在知识支持的基础上，通过不懈的努力实现创新。

（4）具备一定的创新能力

创新创业人才的创新能力主要由三个要素构成：创造能力、实践能力以及承受失败的能力。实践能力是指高新技术人才根据个人或者团队形成的创新想法，动手进行实践的能力。而承受失败的能力之所以是创新能力的重要构成要素之一，主要是由于创新活动通常都是具有高风险的活动，因此难以一次成功，往往需要多次反复试验，这就要求高新技术人才不能因为一次的失败就对创新失去信心，而是应该从失败中吸取经验教训，为下一次的试验提供参考。

（5）具备一定的创新业绩

在人才辈出的知识经济时代，只有做出了一定的创新业绩才能为他人所承认，对其创新意识和能力予以肯定，否则即使具有优异的创新意识和能力，但由于缺乏创新业绩，无法向他人和组织展示个人的创新能力，仍然无法得到认可。

（四）人才培养

1.人才培养的内涵

人才培养指通过教育、培训，使被教育者具有跨学科、跨领域知识结构，具有自我学习和反省能力，具有创新创业意识并具有社会责任感的人才。高校创新创业人才培养不仅鼓励学生创办企业，成为行业引领者，还希望通过创业教育，让更多的学生具备创新精神和创业技能，成为各自岗位上的创业者。为实现这一目标，普及创业教育，培养新形势下的高素质人才，已成为当务之急。

2.人才培养模式的界定

人才培养模式是指在一定的教育思想和教育理论的指导下，为实现培养目标而采取的教育教学组织样式和运行方式，这些组织样式和运行方式在实践中形成固定的风格和特征，具有明显的计划性、系统性和范型性。专业设置模式、课程体系状态、知识发展方式、教学计划模式、教学组织形式及非教学或跨教学培养形式等都是培养模式的各要素，它们都是培养过程中为实现培养目标而带方向性的管理内容，而且彼此之间存在着内在的逻辑关系。

培养模式的构成是一个颇有争议的问题，由于建立人才培养模式的准则不同，其人才培养模式也会不一样，尽管提法众多，但是，人才培养模式主要由以下几个要素构成：

（1）培养目标：培养目标可以有多种表达方式，《教育大辞典》中培养目标的解释是指教育目的或各级各类学校、各专业的具体培养要求，一般包括人才根本特征、培养方向、培养规格、业务培养要求等内容。培养目标受社会对人才类型、规格的需要与学生的基础条件及全面发展要求的共同制约，它是培养模式中的决定因素。人才培养目标，即培养者对所要培养出人才的质量和规格的总规定。一般可以表述为：培养社会发展需要的、具有某些素质的全面发展的人才。这里全面发展指个体身心和谐地发展，并不是样样精通、百科全书式的通才。

（2）培养内容：人才培养内容是培养者作用于培养对象的影响物。学校人才培养内容是以课程的形式体现出来的。这里所指的课程除了课程表中所规定的课程外，还包括配合课内教学所组织的全部课外活动，以及在整个学校生活中教师与学生集体的价值观、态度、行为方式等校园文化因素对学生的影响。

（3）培养过程：培养过程是为实现培养目标，依据人才培养制度的规定，运用教材、实验实践设施等中介手段相互配合，以一定方式从事教学活动的过程。

因而培养过程是人才培养模式的本质属性，它包括专业设置、课程体系、培养途径和培养方案等要素。

（4）培养制度：培养制度是指有关人才培养的重要规定、程序及其实施体系，是人才培养得以按规定实施的重要保障与基本前提，也是培养模式中最为活跃的一项内容。它主要包括专业设置制度、修业制度和日常教学管理制度三类。

（5）培养评价：培养评价是指依据一定的标准对培养过程及所培养人才的质量与效益做出客观衡量和科学判断的一种方式。它是人才培养过程中的重要环节，对培养目标、制度、过程进行监控，并及时进行反馈与调节。

因此，人才培养模式在人才培养中既不属于内容范畴，也不属于纯粹的形式范畴；既不属于目的范畴，也不属于结果范畴。培养模式的根本属性，表现在它是一种过程范畴，即它是一种对于培养过程的设计、建构和管理，是关于人才培养过程状态的总体性表述。

第三节　关于高校创新创业教育的国内外研究

一、国外研究现状

国外学者从多方面深入研究创新创业教育，探究如何从创新创业教育入手更好地培养创新创业人才，具体分为以下几个方面：

（一）对于创业教育概念的研究

加拿大纽芬兰纪念大学加里·高曼（Gary Gorman）副教授通过整理 1985 年以来近十年关于创业教育、企业教育和小企业管理教育领域等相关创业文献，提出创新能力可以通过主动学习来培养，通过开展创业教育来提高学生的创新意识和能力，为有创业想法的学生实现创业梦奠定稳固的基础。

加拿大蒙特利尔高等商业学院学者让皮埃尔·贝查德（Jean-Pierre Bechard）提出，创业教育作为新的教学模式，是渗透于人们生活中的一种思维方式和行为模式，而不单单是一种简单的新兴教育，其产生的效用影响着人们生活的方方面面。

澳大利亚塔斯马尼亚大学科林·琼斯（Colin Jones）博士和澳大利亚堪培拉大学学者杰克（Jack）则认为，创业教育是通过培养人的各种创业素质的教育过程，如创业意识、思维、技能等，最终达到使学生能够具备创业能力、进行自主创业的目的。

葡萄牙贝拉因特拉大学内务研究所学者马里奥·拉波索和阿明达·多·帕科（Mario Raposo & Arminda do Paco）认为创业是一种从小就形成的心态，而创业教育被认为是年轻人核心能力提高的重要途径，学校教育有助于培养学生的创业思维。

（二）关于创新创业教育的影响因素研究

美国乔治华盛顿大学学者所罗门（Solomon）指明，课程的呈现形式影响着创新创业教育的效果，数据显示，与传统的课堂授课方式相比，创业教育工作者越来越多地使用客座演讲和课堂讨论。

希腊沃洛斯色萨利大学经济系学者耶洛伊斯（Yeoryios）主要研究大学生创业活动在开展的过程中受到的影响因素，通过对塞萨利大学的学生进行调查，具体到以参加创业项目的学生为主要调查对象，样本测试表明，影响大学生创业的因素主要有经济、心理、社会、环境、人口、文化以及与年轻人有关的重要因素。

挪威特罗姆瑟大学商学院奥弗泰德尔（Ofedal. E. M）博士以协同概念为框架，探讨预期的结果、教学过程和评估标准三个组成部分对创业教育的影响，进而提高大学生创新创业的意愿。

（三）关于大学生创新创业教育模式的研究

美国百森商学院杰弗里·蒂蒙斯教授和美国费城大学史蒂芬·斯皮内利（Stephen Spinelli）校长将创新创业教育模式分为一体化模式和复合式模式，两个模式都以培养创新创业人才为目标，服务于创新创业教育，两者以是否须要设立创新创业专门机构作为根本区别。

美国罗切斯特大学学者安塔尔（N. Antral）对创新创业教育模式提出了更加具体的细分，分为聚焦式模式和普及式模式，其中聚焦式模式是将目光聚集于小范围内的特定专业，进行专业性创业人才的培育，如哈佛商学院即是以这种教育模式来培养高素质的创业人才；普及式模式是一种面向全体大学生的普及教育，在高校内大范围地培养创新创业人才。

巴西学者施密茨（Schmitz. A）通过探索学术环境下创新创业的科学文献，进行系统综述，描述该领域的组织方式、主要术语和定义、理论框架和经典模型，对经典模型进行分析，进而指导今后的研究。

二、国内研究现状

与国外研究现状相比，我国学者对高校创新创业人才培养的研究并没有那么全面深入，且起步较晚。根据国内学者对此问题具体研究角度的不同，将高校创新创业人才培养的研究划分为创新创业教育的含义研究、高校创新创业人才培养存在的问题研究、对策研究等方面，现将学者们的具体研究状况介绍如下：

（一）创新创业人才培养的含义研究

国外对创新创业教育的研究成果虽丰富，但是未对创新创业教育以及创新创业人才培养作出确切的定义，这也成了国内众学者坚持不懈研究的内容，大致有以下观点。

曹胜利《建设创新型国家与创新创业人才培养——关于"第三张教育通行证"几个认识问题的探讨》一文，从知识经济的时代背景与建设创新型国家的框架中探讨了"第三张教育通行证"的由来与发展，并指出：培养创新创业型人才，必须建设新型大学。建设创新型国家，需要创新创业人才的培养，而创新创业人才的培养，需要创新创业型的大学。此文一针见血，指出了我国创新型国家建设的必要性及创新创业人才培养的重要性，涉及的面广，值得学习借鉴。

许剑颖、余文华等在《应用型高校创新创业人才培养的思考》一文中解析创新创业人才培养的内涵，提出创新创业人才培养的"四个主体"——政府、学校、社会、个人与"四种要素"——健全的人格和健康的体魄、广博的基础知识和精深的专业知识、创新精神、创业素质。还提出了目前我国应用型高校创新创业人才培养主要存在以下三方面的突出问题：一是对创新创业教育内涵和价值的认识还不到位；二是实施创新创业教育资源匮乏；三是未形成支持创新创业人才培养的有效机制。

徐辉《高校创新创业人才培养的评价标准》一文阐述了高校培养创新创业人才的目的和意义，提出理论知识、实践能力、创新思维、创业能动性是影响创新创业人才评价的主要标准。

（二）高校创新创业人才培养模式的研究

国内在对创新创业教育研究的同时，逐渐深入研究高校创新创业人才培养模式，立足于学校实际情况，构建了多种符合创新创业人才培养目标的培养模式，国内各学者的观点大致如下。

庞鑫培《面向区域创新体系培养创新创业人才——浙江地方高校人才培养机制研究》一文提出了创新创业人才的培养机制：一是建立创新创业型人才的分层分类培养机制，即针对创新创业型人才、本科创新创业型人才和研究生创新创业型人才培养的不同目标与内容，打造相应的培养模式；二是完善创新创业型人才培养与高校专业人才培养的融合机制，即创新创业教育向专业教育各环节渗透，创新创业教育与学业生涯规划相结合，创新创业教育与"第二课堂"相结合；三是强化创新创业型人才培养的产学耦合机制，即建立面向区域市场的创新创业型人才供需反馈机制、完善创新创业型人才的校企合作培养模式、健全政府对高校专业设置的预警、退出机制；四是营造创新创业型人才培养的社会支撑体系，即着力培育创新创业文化、建立健全创新创业政策环境。此文比较客观，能够结合创新创业人才培养的现实问题从微观到宏观的角度提出创新创业型人才培养机制，具有典型性。

闫海强在其论文《创新创业人才培养机制研究》中根据创新创业人才培养的现状，提出通过改革现有课程设置体系、完善创新创业教育制度、营造创新创业文化氛围和推进创新与创业相结合等措施，建立创新创业人才培养机制。

李乾文、周建的论文《江苏高校创新创业人才培养模式与问题研究》中分析了江苏高校包括南京大学、东南大学、南京财经大学、南京航空航天大学、淮海工学院等高校创新创业人才培养模式，剖析这些高校的共性问题，对探索进一步深入研究创新创业人才培养途径和效果。

（三）高校创新创业人才培养存在的问题研究

关于高校创新创业人才培养存在的问题，针对这一方面的研究，国内相关领域的专家学者也纷纷对此展开研究，仁者见仁，智者见智，不同学者提出了不同的观点。实际上，大部分学者都从培养主体、培养理念、培养模式、课程体系、师资队伍、政策支持等方面进行了探讨。

中国地质大学（武汉）王焰新校长认为我国创新创业教育本身仍然处在"创业期"，主要问题包括认识理解上有偏差、硬件不到位、解放思想不够、工作开展不够、模式构建不系统、创业支持不够。

河北科技大学教务处秦乐乐副研究员对我国创新创业人才培养模式进行分析，认为目前创新创业人才培养的主体过于单一，师资力量配置薄弱，培养模式和课程体系无法满足要求，创新人才培养的管理机构较多且无法实现整合。

中国地质大学（武汉）马克思主义学院李蔚然副教授通过对武汉地区八所高校创新创业人才培养现状进行深入调查，调查结果反映出高校目前存在问题在于人才培养模式未能及时根据发展和实际情况进行更新，创新创业师资结构不合理，发挥不出教师在创新创业教育上的最大效能，同时评价机制还存在一些问题。

石家庄职业技术学院吴洁副教授提出在国家创新驱动发展的背景下，高校缺乏成熟的理念来培养创新创业人才，在培养过程中协同育人方面还有所欠缺，课程体系不完备、师资力量薄弱都成为创新创业人才培养路上的绊脚石。

（四）高校创新创业人才培养的对策研究

国内专家学者在研究高校创新创业人才培养对策的过程中，针对存在的具体问题，从不同角度进行探析获得结论，主要围绕理念、课程设置、师资建设、培养模式等方面进行分析，完善高校创新创业人才培养对策。

张岐山、刘虹的论文《管理科学与工程类创新创业人才培养模式的探索与实践》中分析了管理科学与工程类人才的培养目标，培养模式现状及存在问题，提出了管理科学与工业类学生实践能力与创新创业意识相结合的培养模式的优化方案主要围绕以下三方面进行：学生创新创业意识的培养，实践能力的培养训练及如何在实践中融入创新创业意识的培养。

孙英浩、杨威的论文《工科专业培养科技创新创业型人才的实践探索》中探索工科专业科技创新创业型人才培养的实践，要解决思想问题，树立科技创新创业意识；加强制度建设，健全科技创新创业的体制与机制；规范课程管理，构建科学合理的课程体系；搭建创新创业社会实践舞台；改革考核方法，注重科技创新创业能力培养，促进我国由人力资源大国到强国的转变。

谭志合、王万山的论文《人文经管类大学生创新创业人才培养模式研究》中指出人文经管类大学生创新创业人才的培养应该有其特定的模式，国内外高校共有九种比较成熟的模式，高校可根据自身情况，或借鉴，或独创。

中国矿业大学胡海山助理研究员提出要在人才培养过程中依据最新政策和教育动态及时塑造和更新创新创业教育理念，在课程、实训、管理等方面深入探析优化创新创业教育的方法路径，将创新创业教育同专业教育一般充分融合进高校人才培养的全过程中。

江西交通职业技术学院李玮副教授等提出在培养创新创业人才过程中，结合学校实际情况建立联动耦合机制，完善管理部门存在的漏洞，整合现有资源，协同共享，做好对各参与方的激励，建设高校的教师团队，同时完善考核评价体系，为创新创业教师队伍建设提供充足的保障。

西南石油大学创新创业中心姚远教授和西南石油大学冉玉嘉辅导员鼓励高校在创新创业人才培养中加入"立德树人"教育理念，从教育教学方面入手，构建价值观层面上的稳定与和谐，协调创新创业教育主体间的矛盾与冲突，规划一个教育健康、能够实现良性循环发展的创新创业教育生态蓝图，在国家层面上推动双创教育的深化改革，完善校企联合培养机制，推动创新创业人才培养过程中各主体的功能实现，如促进知识传递、跨学科研究、协同培养等功能。

常熟理工学院闫晶副教授提出构建"校政企教"四位一体的创新创业空间，其中"教"为教师，同时完善课程体系，注重实践训练，在真实的实践环境中感受创业所需要做的准备和应具备的素质，为社会培养新时代的高素质创新创业人才。

（五）高校创新创业人才培养经验引荐研究

虽然我国创新创业教育与国外发达国家相比还存在一定的差距，受传统教育体制的制约，高校创新创业教育在"起跑线"上起步较晚，发展过程中积累的经验较为欠缺，但我国高校创新创业人才培养模式发展动力充足，在借鉴国外创新创业人才培养经验的基础上积极谋求发展。

彭绪娟的论文《国外创新型人才培养模式及启示》中以美洲、欧洲和亚洲等国家的创新型人才培养模式为例，分析、比较各国在创新型人才培养方面存在的异同，为我国创新型人才的培养提供建议。

高雪莲的论文《国外创新型人才培养模式对我国高等教育改革的启示》中对发达国家人才培养模式的各自特色和各国高等教育发展的共同趋势进行了阐述，并借鉴发达国家创新型人才培养模式的经验，提出了我国创新型人才培养应采取的具体措施。

刘丽君的论文《美国一流大学理工创业教育与我国创新创业人才的培养》中借鉴美国经验，探索我国具有理工科优势的研究型大学的创业教育模式，培养创新创业型人才。

胡燕在论文《中美研究型大学创新型人才培养模式的比较研究》中通过与美国研究型大学创新型人才培养模式的比较分析，发现我国研究型大学在创新型人才培养模式上存在的不足，并可以从中吸收一些符合我国国情的成功经验。

三、国内外研究现状评述

从国外的研究来看，注重创业教育的深入挖掘，国外对高校创新创业型人才培养的研究，多体现在创业教育的研究中，并未系统化。总的来看，国外创业教育的研究起步较早，研究的理论成果较多。通过对国外创业教育的概念、影响因素、模式等各个不同方面的研究发现，国外对创新创业教育理念、模式的研究较为成熟，但这个研究过程也是逐渐从最初了解到深入研究，直至研究较为纯熟。

同时国外学者在创新创业实践方面也获得了非常重要的研究成果，对创新创业人才培养提出了不同的培养模式，适用于不同层次的学生，更加注重创业实践与产业合作，在国外许多大学的创新创业人才培养模式中可以看到，典型高校如美国百森商学院、英国牛津大学等，聚焦于社会热点问题，注重学生的创新创业实践训练，为创新创业人才的培养提供了充足的保障。

通过对国内创新创业教育和人才培养的相关文献进行梳理，可以发现，国内专家学者重视创新创业，对创新创业教育及人才培养的研究文献众多，也从多个角度对其进行深入研究并探析，研究成果丰富，对推进创新创业教育、培养高素质的创新创业型人才起着极其重要的作用，也为今后学者在这方面的研究提供了丰富的研究资源，在前人研究基础上进一步研究如何更好地培育创新创业型人才。

国内对创新创业人才培养的研究成果虽丰富，但仍存在研究整体系统性不足、论证缺乏实证支撑、对创新创业人才培养研究深度不足等问题，同时缺少地域性研究，尤其是现有研究缺少对具有地域性的创新创业人才培养研究。因此，我们更应该从国外对创新创业教育的研究中吸收我们需要的"养分"，立足于国内高校创新创业人才培养的实际情况，尤其是重视地域性研究，探究出适合本土的创新创业人才培养对策，对于如何更好地培养创新创业人才的研究还有较大的上升空间和价值。

第二章　高校创新创业人才培养的基础理论

创新创业教育作为教育的一种特定模式，有其一定的理论渊源。深入研究高校创新创业人才培养的理论基础，对实现高校创新创业人才培养目标、提升高校创新创业人才的素质与水平具有一定价值和意义。本章分为创新创业教育理论基础、创新创业人才培养理论基础两部分，主要内容包括：创造力理论与创新理论、个性化教育理论与人的全面发展理论等方面。

第一节　创新创业教育基础理论

一、创造力理论与创新理论

（一）创造力理论

创造力是人类特有的一种能力，是一种能够发现新思想和新事物的能力，是一个人的心理品质或者复杂的心理活动，个体在此基础上才能完成某种创造性活动。比如发明新方法、新技术、新设备等都是创造力的集中表现。独特性和新颖性是创造力区别于其他能力的显著特征。而无定向、无约束地借助已知探索发现未知的发散是其主要构成因素。除此之外，创造力的判断标准还在于是否具有社会价值、个人价值。美国著名心理学家吉尔福德认为，个人的创造力就是指当发散思维集中体现为外部行为。学术界普遍认为创造力是创造性思维的产物是一种由智力及个人品质和知识等因素形成的综合性本领，由此可知创造力主要是由以下几个方面构成。

第一，知识。创造力的基础就是知识，任何创造都是以知识作为基础和前提的，没有知识就没有创造。换句话说就是只有在充足的知识基础上才能提出创造性方法。它主要由记忆知识和理解知识以及吸收知识这三种能力组成。

第二，智力。智力的核心是创造性思维能力。人们一般所说的智力通常是生物一般性的精神能力，即一种人在认识和理解客观存在的事物的基础上运用所学知识和经验去解决问题的能力。它包括理解、判断和解决问题以及抽象思维、表达和学习的能力。

第三，品质。包括意志、情操等方面的内容。品质是指一个人在道德情操以及意志力等方面的素质，它是个体在特定的条件下借助社会实践活动体现创造素质。是否具有较好的个人品质是能否成功创造的关键点，良好的个人品质如顽强的意志力和进取心有助于个体充分发挥自身优势资源和创造力，成功创造。

综上所述，创造力的主要构成因素是智力、知识以及个人品质，三者共同决定了一个人创造力水平的高低，相互作用。而当前高校大学生的创业教育课程主要是以创造力为基础开展的，而创造力理论则为高校大学生创业教育课程的开展及改革提供了理论依据。

（二）创新理论

所谓"创新"是主体在已有知识基础上，不局限于某一固定思维模式，从而发现新事物的过程。而创新理论则最早是由经济学家熊彼特在20世纪初提出来的。他主要是从经济学的角度来定义"创新"，他认为"创新"是一个经济而非技术范畴，是一种企业和管理者的经济活动，是一个内生变量，是一切经济发展的源泉，是对新产品或新过程的一种商业化，就是将一种全新的有关生产要素与条件的组合用于生产体系，从而建立一个新的生产函数。这个新的生产函数不只是科技上的发明，更多的是将业已存在科技应用到企业中去形成一种全新的以营利为目的的生产能力。它将会变革组织的生产技术，更好更快地提高其生产力水平，从而能够最大程度上实现企业的终极目标——利润最大化。

此外，熊彼特所理解的创新主要有三方面的内容：基本含义、创新与管理者关系、创新与创造的异同。他的"创新"一直就是一个集成的表述即广义上的创新，它不单单指技术创新，更多是模式和组织等形式的一个经济而非技术创新。他所认为的属于经济范畴的创新有以下几种情况：一是创造新产品；二是采用新生产方法；三是开辟新市场；四是取得新供给来源；五是实现新组织方式。不同于熊彼特的创新理论，马克思在许多的经典著作中认为创新涉及社会的各个领域，各个方面，它不再仅是管理者或是企业家的特权，社会中的每个人都有权利去创新。他多次强调创新既是一个国家兴旺发达的不竭动力，又对于整个社会的发展尤其是经济发展极其重要，影响重大。

二、行动学习、项目学习与体验学习理论

(一) 行动学习理论

行动学习理论自产生以来就成为社会关注的重点，目前其理论大概有三种分类，即科学方法派、体验式学习派和批判式思维派。

科学方法派，其创始人是英国学者雷格·瑞文斯 (Reg Revans)，1965 年首次阐述了行动学习法。瑞文斯认为，行动学习是在实践过程中来获取知识和技能，其分为三个阶段，首先是对提出的问题系统地理解，其次需要用科学的方法对问题进行分析并探究解决问题的方法，最后是将其得出的结论在实践中检验。同时，瑞文斯肯定团队协作在解决问题中的积极作用。

在本质上讲，行动学习是"做中学"，但不能与单纯的"做中学"相混淆，而是要提出新的实际问题并设法予以解决，而不是借用其他人的现成经验。""瑞文斯使用学习方程式"L=P+Q"说明行动学习法的含义，式中，L (Learning) 为"学习"；P (Pro-grammed knowledge) 为"构化的知识"，是指人们通过接受指导，学习到的那些储存于书本的知识：Q (Questioning insight) 为"在不确定的条件下提出深刻问题的能力"。在行动中"需要对行动者的经历进行深入回顾与反思，既有对经验的回顾，又要向他人学习，还有借助理论文献的反观自我，寻找问题的根源，思索解决的办法。

除此之外，参与者应当对方案实施结果和问题是否解决投以足够的关注度。体验式学习派以库博经验学习圈理论为前提，其认为学习是一个多次循环的过程，但每次对行动、问题、反思的重复并不是单纯的前次行为的重复，而是不断在实践中对新产生的问题进行思考，以探究解决方案，如此最终得到对问题的解决。

批判性反思学派借鉴了梅兹罗 (Mezirow) 关于批判性反思可以改变看法的观点。来自生活经验和工作经验的观点可能由于未经验证而出现缺陷，典型的缺陷就是以偏概全，这些缺陷扭曲了人对环境的认识，从而让我们对环境作出无效的甚至是错误的反应。这一派的代表人物包括阿基里斯 (Achilles) 和彼得·圣吉 (Peter M. Senge)。他们几位都是组织学习的泰斗级人物。通过批判性反思，使人的心智模式发生根本转变，使组织发生根本改变。

(二) 基于项目的学习理论

基于项目的学习 (Project Based Learning, 简称 PBL) 是一种新型教学模式，他所关注的是学科的核心概念和原理，它要求学生从事的是问题解决，基于现实世界的探究活动以及其他的一些有意义的工作。它要求学生主动学习并通过制作

最终作品的形式来自主地完成知识意义的构建。

例如，一个由学生经营的公司：在中学的工业艺术班，学生们成立一个公司，他们生产一些诸如酒的展台、橱柜或用来卖的可折叠式的凳子，学生们挑选公司职员，并且分组完成公司的不同工作。如金融小组运用电子表格来查询最低价格的物品，并且给公司创建一些金融报告，研究小组用绘图软件来画出设计草图，市场小组用字处理软件来制作广告，在商品贸易时，会用到摄像机，商品将会在学校的广播中播出。许多产品需要用到由计算机控制的车床或压榨机，最终产品由装配线的模式来管理，产品在校园内出售。学生们在公司里买卖股票，在商品销售完后，就开始分红。

项目是通过将资源转化为产品并利用相应的销售资源将其产品售于顾客的过程，项目参与者需要解决在实施项目过程中产生的各种具有相互关系的问题。基于项目的学习即是建构在项目实质基础上的学习模式，简单来说，学习者要参与到真实项目中，并不断解决具有联系的问题，在这个过程中，需要借助团队的力量，其核心目的是锻炼学习者解决问题的能力，最终考核标准为将制作的产品销售给顾客。

通常，基于项目的学习主要有以下几个组成部分：

（1）内容，指学习者在项目中遇到的实际问题，这些问题来源于生活，需要学习者利用自身知识和社会实践经验予以探究解决，能够锻炼学习者应对问题的能力。

（2）活动，指学生为解决在项目中遇到的问题所采取的行动，合理的行动需要学生具有事前建构性和逻辑性。

（3）情境，指学习者参与项目时所面对的社会环境，基于真实的社会环境有利于学生在以后活动中的社会技能增长。

（4）结果，指项目完成后，学习者经过项目学习而增长的对问题的认识和解决能力。

（三）体验学习理论

体验学习是指学习者亲身介入实践活动，通过认知、体验和感悟，在实践过程中获得新的知识、技能和态度的方法。从教育学的角度看，体验学习是指学生在学习过程中对学习内容内化后，在特定的教育情境中的内心反省、内在反应或内在感受。体验学习是学生在教育过程中的认知、情感意志和态度的综合影响的结果。它们涉及对自然事物、社会现象及人自身的认识和评价。从心理学的角度看，体验学习是在认知理解基础上的自我觉醒，是学生对生活意义内在的追问，其核心成分是学生自我意识的觉醒。体验学习有感性认识的成分，又有理性认识的成分，还有直觉思维的成分；体验学习既是认知过程，又是实践过程。体验教育与传统教育之间存在着很大的差别，体验教育是一种摆脱传统教学观念的双向学习方式，即"在体验中学习"。体验学习主要具备亲历性、自主性、生成性、综合性、开放性五个特征。

教学实践中的体验学习可以划分为以下几个阶段：

（1）建构学习情境，唤起学习者兴趣。这个阶段是体验学习的初始阶段，教师通过提供贴合学习目标的材料建构体验学习的情景，并通过情境唤起学习者探究的热情情绪。提供的材料应当是立足于学习者认知水平的，以达到良好的学习效果。

（2）参与活动，获得体验。这个阶段是学习者经过实际体验，而逐步形成对整个过程的体验。由于学习者认知水平和自身看待问题角度的不同，其实践体验具有特性，引导者应当引导学习者以符合其自身特点的方式来获得体验。

（3）体验交流和内化阶段。这个阶段是通过交流活动实现参与者自身体验的相互对比，发现各自的差异从而获得更为完备的体验总结。这个阶段的存在是由主体的差异性导致的体验的不同所决定的，通过组织学习者相互交流实现体验者对其所感的再次梳理，在有所参照的同时，又将其体验内化为自身的感悟。

（4）总结评价。体验学习并不止于体验，对体验的深化和总结以获得能够用于实践的知识技能或思维才是目的。因此，在最后的阶段，教师应当引导学生完成对自身体验的总结，这一过程教师不应拘泥于唯一标准，应当看到学生体验差异存在的客观性，通过评价使学生的体验深化。

大卫·科尔布（David Kolb）于1984年创立的学习循环模型，共包括四个部分：实际的经验—观察反思—抽象概念化—新环境中应用。他认为体验学习始于学生完全投入到实际的体验活动当中，通过从多角度的深入观察和思考，形成了合乎逻辑的抽象的概念和理论体系，同时在新的环境中去运用这些理论作出决策，去解决类似的问题，并不断地修正自己的概念和理论体系。

三、个性化教育理论与人的全面发展理论

（一）个性化教育理论

当今社会是一个崇尚尊重注重发展个性的新社会，"个性化教育"是新时代下的产物，顺应时代发展的潮流，已经成为当前知识经济时代背景下世界教育改

革的主要趋势，引发了世界范围内的教育改革思潮。

世界上大多数的国家都认为"个性化教育"是一个国家教育迈向现代化的重大标志，引领当今教育领域改革方向，而个性化教育理论主要强调的便是教育主体的多元化以及个性化。所谓差异化和个性化就是指每个人都会因为自身生理或心理因素，如遗传特征、生活环境、教育环境等而存在差异。个性化教育最大的特点就是它承认受教者在各个方面存在差异，这种差异集中体现在个体在心理、生理以及社会背景等各个方面所存在的差异。在此基础上，个性化教育理论会根据这种差异为个体制定特定的适合受教人自身特点的发展方案，从而让个体能够更快更好地适应新的有针对性的教育模式，继而促进个体的全面发展。

总之，个性化教育理论就是在承认个体因智力等生理方面和成长环境等心理方面存在差异的前提下，既能有教无类，也能因材施教，从而使每个个体的个性充分发展，继而都能得到全面发展。同样的，在进行创业教育实践的过程中也应该留意这种差异。

这种教育理论它自身强调或者说是重视高校不同学生所表现的特性认为要想充分发挥高校及其学生自身优势资源，突破传统的教育模式的僵化，从而使得学生的个性得到充分发挥，最终实现自身的全面发展来更好更快地适应信息经济时代的要求，就要依托个性教育理论，立足现实情况，以个体个性为出发点，有针对性地设计适合个体的发展方案，具体包括教育的模式、内容、目标等。

（二）人的全面发展理论

马克思认为，人的全面发展的基础就是智力劳动与体力劳动的结合体。他对于人的全面发展的独特理论大体上可以分为以下几个方面：

第一，只有人的体力、智力得到了充分发展，人的全面发展才有可能实现，换句话说就是个体的体力、智力的充分发展是人自身全面发展的基础。

第二，只有当人自身的道德和本性得到充分发展，人的全面发展才会实现。马克思关于人的全面发展的理论强调，一个人要想成为自由发展的人就要充分地发挥自身全部的能力和资源，从而达到人类特性和社会性以及个体个性的协调发展。马克思关于人的全面发展理论和思想对于当今社会培养创新型人才仍有重大的现实意义。以我国为例，当前，我国教育领域改革全面兴起，而"全面发展"则是我国教育界改革的重要指导方针。

鉴于马克思的全面发展理论，我国教育界所理解的"人的全面发展"有两方面内容：一方面，所谓全面发展一般是指一个人的德、智、体、美、劳等五个部分的均匀平衡发展，是脑力劳动和体力劳动的完美结合；另一方面是指每个个体各方面的能力和才华都能够最大限度地充分发展。而我国传统的教育模式最大的缺点就是填鸭式教学方法：单方面地向学生输送各类知识，把学生当作没有自我判断力、自我思考能力以及思想情感的机器。这种教育模式是典型的忽视学生自我发展能力，挤占学生自我发展空间，这种模式往小方面讲无疑会对学生的全面发展产生不利的消极影响，阻碍了学生自我潜力的发挥和创新能力的提高；而大的方面则是与当代社会更多的是需要创新型多面性人才的现实情况背道而驰。

　　个性化教育理论认为每个个体都是不一样的存在，总会有这样或那样的差异，所以它强调的是在教育过程中要格外注重个体特性和潜能的充分发展。而"全面发展教育"是比较注重学生的整体素质的发展，在学生掌握扎实的理论学习的基础上通过各种各样的活动形式去营造一种良好的学习、发展环境，从而使得学生自身能够在社会实践中学以致用，更好更快地适应现代社会对多功能人才和复合型人才的现状，为每个学生的全面发展、充分发展提供可能。全面发展的教育模式遵循了学生自身身心发展规律，能够最大程度上实现学生的全面发展，使其能够更好地适应当今知识经济时代对全能型人才的需求，更快地成为现实社会需要的"会生存、善学习、勇创新"的复合型人才。

　　事实上，"个性化教育"和"全面发展"这两种教育理论是相辅相成的关系。二者既有相通之处，又有各自的独特之处。比如个性化教育理论主要强调的是个体个性的发展，从这方面讲它是全面发展教育理论的一个方面，是一种更精细化、更高层次的全面发展表现形式；而全面发展教育理论则是更注重个体全面的整体的全方位的发展。二者之间并不是相互排斥的关系，而是共性与个性、你中有我我中有你的渗透或结合的关系。

　　只有将"个性化教育"和"全面教育"紧密结合起来，个体的个性发展和全面发展的实现才有可能。而创新创业教育就是强调在个体的全面可持续发展的基础上进一步地实现个体个性化发展。换句话讲，就是要了解个体特性发展规律前提下促进学生个体在德、智、体、美、劳等方面的全面发展，实现共性与个性的均衡发展。比如，现在的知识信息经济时代要求高校的创新创业教育要在尊重每个学生个性的前提下去促进其不断提高创新和创业能力，实现自身的全面发展。

　　总之，马克思主义关于人的全面发展的理论总体上给高校学生的全面发展奠定了理论基础。创新创业教育就是在这样的理论基础上形成的，是反映当今"知识信息时代"特征的一种全新的教育理念和教育模式，从而成为指导我国当前高校教育改革实践的理论依据。

四、从做中学、成功学与需求层次理论

（一）从做中学理论

现代美国教育家杜威（John Dewey）"以教育即生活""教育即生长""教育即经验的改造"为依据，对知与行的关系进行了论述，并提出了举世闻名的"从做中学"理论。在《学校与社会·明日之学校》一书中，他明确提出从做中学是比从听中学更好的方法。

杜威的教学理论是围绕"从做中学"来建构的，其认为教学过程是一个实践的过程，同时也是不断地总结经验的过程。其注重经验理论，认为所有的学习都源于经验的积累和获取，而经验则来源实践——"做"，也就是说，只有通过实践才能获得经验，这是获取知识的基础。他对人具有创造的本能持有肯定态度，知识和经验并不孤立存在，其源于各种社会事务的相互联系和相互影响之中，学校应当重视实践的重要作用，注重提供实践的情景，如实验室、农场等，这能够使学生在实践中发现问题，并通过引导强化学生查询资料的能力，以为其解决问题提供足够的支撑，这样一个过程能够使学生不断获取实践经验。在此基础上，杜威提出了教学应当由情境构造、问题发现、假设的提出、解决问题和对假设的检验五个部分。"从做中学"的教育方法是对社会发展需要的回应，其有利于学生主动探究和解决问题的主体意识发挥，注重全面发展，对创业教育的发展具有重要的参考价值。

（二）成功学理论

成功学又名生命学，着眼于研究成功的方法，着眼于培养人良好的思想和行为习惯，从而使人们更快地迈向成功。成功学的创始人是美国人拿破仑·希尔（Napoleon Hill），在深入研究和思考504位美国社会各界名流成功经验的基础上，他于1937年完成了具有划时代意义的《思考财富——人人都能成功》一书。成功学作为一个研究人类行为原因、方式及成功规律的学科，从20世纪开始，成功学著作在全世界范围内不断涌现，从多个角度论述了追求成功的完整理论和方法。按其理论基础，可分为六种。

（1）品德成功论：最早期成功学著作的基础论调，强调"品德"为成功之本，代表作有《富兰克林自传》。

（2）素质成功论：素质成功论强调人必须具备成功者所具备的素质，才能获得成功的人生。倡导和赞赏意志顽强，富于进取精神，坚韧不拔，拯世救民的

具有个人魅力的英雄或人物，代表作为一些历史著名人物的传记等。

（3）人际关系成功论：人是社会动物，其不是孤立的存在于某个地点，其价值的实现依赖于社会价值的实现，因此，人的成功与否取决于其是否具有优秀的社交技巧。这以卡耐基为代表。

（4）积极心态成功论：其认为，积极的心态，对人是否能够取得成功起着决定性的作用，态度的重要性不言而表。

（5）潜能成功论：其认为每个人都具有成功的潜能，能否成功取决于个体是否发掘了自身潜能。这以美国成功学家安东尼·罗宾为代表，注重发挥个体的主观能动性，并调整自身现有情况，挖掘发挥潜能就能实现成功。

（6）综合论：这是一种综合了以上五种成功论要素的理论，即看重个体潜能和社交的挖掘培养，也注重积极心态和方法，这种综合成功论以邹金宏为代表，并提出了"实用成功学"。

（三）马斯洛的需求层次理论

马斯洛需求层次理论是由美国心理学家亚伯拉罕·马斯洛（Abraham H. Maslow）于 20 世纪 50 年代首先提出的，在《人类动机理论》中，马斯洛将人类需要总结归纳为五个层次，依次是生理需要、安全需要、爱的需要、尊重的需要、自我实现的需要。

马斯洛的需求层次理论认为，每一个人在同一时期，同一个人在不同时期的心理需求是不同的，每一个人只有当较低层次的需要获得了基本满足后，下一个较高层次的需要才能成为主导需要，并且在某一时刻只有一种需要是引发动机和行为的主导需要。按照这一理论，如果想要激励某个人，就应设法知道他现在处于需要层次的哪个水平上，然后试图去满足该层次及更高层次的需要。激励的具体方式应该以此为依据作出调整。面对人们千差万别的现实需要，不可能以一成不变的激励方法应对所有的需要内容。比如有的人看重名誉，那么就要在社会承认和社会尊重方面采取激励，以社会地位和声望作为主导性的激励内容。

五、人力资本理论

所谓人力资本，即指凝聚在劳动者身上的知识、技能及其所表现出来的能力。早在 1776 年，现代经济学的创始人亚当·斯密（Adam Smith）就在他的代表作《国民财富的性质和原因的研究》中指出：个人通过学习所获得的已成为个人能力一部分的知识和技能，也应视作社会财富的一部分，是社会固定资本的组成部分。

随着经济和科技的发展，到 20 世纪中叶时，学者们对人力资本的研究开始系统起来。其中，最杰出的代表人物当属美国的西奥多·舒尔茨（Theodore W.Schultz），他在其名著《论人力资本投资》中指出：人力资本是社会组织和个人投资的产物，其质量高低完全取决于投资多少。人力资本是关于人口质量的投资，它比物力资本更加高效，在人力资本形成的各种途径中，教育是一条最重要的途径。西方大多数专家指出，教育是一种生产性投资，它对经济增长具有举足轻重的作用。

在人类所拥有的一切资本中，人力资本是第一宝贵的，自然成了现代管理的核心。更好地提高人力资本的管理水平，不仅是发展经济、提高市场竞争力的需要，也是一个国家、一个民族长期兴旺发达的重要保证，更是一个现代人充分开发自身潜能、适应社会、改造社会的重要措施。因此管理好人力资本有着重要的意义。

21 世纪的中国处在一个知识经济时代，也是一个创业的时代，此源于日益激烈的人才竞争，严峻的就业形势以及国家经济发展方式的转变，于是对人才的素质、对人才开发的力度和高校人才培养模式也有了新的要求。除了要求大学生掌握知识、技能之外，还需着力提升大学生的文化修养、企业家精神、创新创造能力，以提高其综合素质。人力资本理论为创业人才的培养提供了理论依据，创业人才的培养是时代的要求，高校培养出来的创业人才是经济发展和社会进步的有力推动者。

六、激励—保健理论

激励—保健理论是美国心理学家弗雷德里克·赫茨伯格提出，简称双因素理论，是两种尺度而非一个尺度上两个相反的极点。他提出影响人们行为的因素主要有两类：保健因素和激励因素。

赫茨伯格认为保健因素指工作本身以外的影响员工情绪的因素，其属于非本质的因素。对员工情绪的影响可以划分为工作本身和环境因素，环境因素主要有公司制度、同事之间的关系、办公氛围等，这些因素如果使员工不能适应，则易产生员工对工作的满意度下降的现象。而这些因素仅是为员工提供良好的情绪做保障，不能真正地起到激励作用。

激励因素是指对员工情绪产生决定影响的一些因素，这些因素主要是工作本身的性质，例如工作难度、工作能否使其人生价值实现和是否有成就感，是否有发展空间等，这些因素主要对员工的积极性产生影响。如果这些因素处理不好，会严重挫伤员工积极性，但不会导致不满。相比之下，如果处理得好能够有效唤起员工的积极性。因此，赫茨伯格建议要实现对工作要素的充分考量与丰富。

七、成就需要理论

美国哈佛大学的心理学家戴维·麦克莱兰（D.C. McClelland）于 20 世纪 50 年代集中研究了人在生理和安全需要得到满足后的需要状况，特别对人的成就需要进行了大量的研究，提出了成就需要理论，亦称激励需要理论。麦克莱兰认为在人的生存需要基本得到满足的前提下，成就需要、权力需要和归属需要这三种主要需要影响着人们的行为，并且这些需要并非像马斯洛理论所指出的那样是先天的本能欲求，而是通过后天的学习获得的。

成就需要指主体追求成功的内在驱动力。其认为当主体对成功十分渴望时，主体将产生对自我的要求和规划，这种目标感将转化为自我提升和行动的动力。而主体一般具有一定的理性，其热衷于向高处攀登，但注重目标是否可以实现，以防止过高的目标会产生挫伤感，这是他们所担忧的。这些人具有冒险精神和实务精神，但处事中反感侥幸心理，注重以事实依据实现对问题的分析。同时这些主体具有严谨的态度和责任心理，对于个人应当承担的责任，其能够尽全力去完成，同时，其愿意承担为了成功所应当承担的压力和竞争。只要有适合的环境，这些主体能够发挥自身的主观能动性，不断地寻求成功和伙伴的认可。

八、创新型国家理论

通常，人们按照实现工业化和现代化道路的不同将国家进行划分：有些国家主要依靠自身丰富的自然资源增加国民财富，如中东产油国家，即资源依赖型国家；有些国家主要依附于发达国家的资本、市场和技术，如一些拉美国家，即依附型国家；还有一些国家把科技创新作为基本战略，大幅度提高科技创新能力，形成日益强大的竞争优势，国际学术界把这一类国家称之为创新型国家。创新型国家是指以技术创新为经济社会发展核心驱动力的国家。主要表现为：整个社会对创新活动的投入较高，重要产业的国际技术竞争力较强，投入产出的绩效较高，科技进步和技术创新在产业发展和国家的财富增长中起重要作用。

作为创新型国家，至少要具备四个特点。

①创新投入高，国家的研究开发投入占 GDP 的比例一般在 2%以上。

②自主创新能力强，国家的对外技术依存度指标通常在 30%以下。

③科技进步贡献率要在 70%以上。

④创新产出高，目前世界上公认的 20 个左右的创新型国家所拥有的发明专利数量占全世界总数的绝大部分。

为了在竞争中赢得主动，依靠科技创新提升国家的综合国力和核心竞争力，我国把推进自主创新、建设创新型国家作为落实科学发展观的一项重大战略决策。创新型国家理论在我国不断地渗入。2006 年 1 月 9 日，国务院发布《国家中长期科学和技术发展规划纲要（2006—2020）》。此外，《国家中长期科学和技术发展规划纲要（2006—2020）》立足国情、面向世界，以邓小平理论和"三个代表"重要思想为指导，认真落实科学发展观，以增强自主创新能力为主线，以建设创新型国家为奋斗目标，对我国未来几年科学和技术的发展作出了全面规划和部署。《国家中长期科学和技术发展规划纲要（2006—2020）》反复强调，要建设创新型国家，其基础是要培养创新人才。

高校在国家整个创新体系建设中扮演着特殊的角色。它肩负着生产、建设、服务、管理第一线的专业知识和科技创新的使命，承担着培养创新人才的重要任务。而创新人才在推动生产一线科技成果转化、服务社会主义现代化建设等方面发挥着不可替代的作用。因此，培养创新人才是建设社会主义现代化、实现全面建设小康社会的重要环节，也是建设创新型国家的应有之义。

九、现代课程理论

课程论属于现代教育学的一个分支，是对课程设计规划等问题的研究理论。现代课程理论起源于拉尔夫·W. 泰勒（Ralph W.Tyler）的《课程与教学的基本原理》，其被认为是现代课程理论之父。随着教育理论的不断实践和发展，人们对课程形成了不同的理论观点，其中影响较大的有学科课程理论、人本主义课程理论和社会改造主义课程理论。

（一）学科课程理论

学科是指以知识的逻辑为基础，根据一定的价值标准，从不同的知识领域选择一定的知识内容，将所选出的知识组织。学科课程理论是指以学科为中心来编定课程，其形成于 20 世纪 60 年代。最主要的代表人物是美国教育心理学家布鲁纳（J. S. Bruner）的结构主义课程论。

布鲁纳认为任何学科都可以通过一个基本规律去认识，这个规律则是学科的基本结构。教师的重要作用不仅在于传授具体的知识，更要使学生对学科基本结构有一个充分的认识。以能够反映学科知识之间关联性和逻辑结构的学科基本结构有利于教授学生，能够使学生对学科知识的整体掌握，且有利于学生利用逻辑结构实现对具体知识的记忆。同时，由于人的心理具有在意义、态度等要素上的重新架构的功能，学生的学习亦应当注重这种再现。布鲁纳基于人认知的规律而提出了螺旋式课程设计。这种课程设计在编写教材时应当根据学生不同年龄阶段不同的智力水平编写不同程度的内容，将学科内容贯穿于学生不同年龄阶段的学习过程，通过这种连续性的学习完成对该学科从浅到深的学习。

除此之外，布鲁纳亦提出发现学习法，即老师要引导学生主动学习的积极性和主动学习的能力，通过学生自我学习发现使课程内容的知识点更有利于学生对知识的掌握。发现学习法中，采取合理的竞争方式来培养学生对主动学习的积极性，这是一种途径。除此之外，教材本身编写质量的好坏与是否具有趣味都对学生的积极性有较大的影响。布鲁纳的结构课程理论，注重对学科知识体系与教材编写结构的联系的运用，并倡导使用合理方法促进学生的主动学习性，但由于其对现实生活的剥离，与过分强调学生的主观能动性，违背客观教学规律，导致其在实践运用中的失败，但亦有参考价值。

（二）人本主义课程理论

人本主义课程理论源于对结构主义课程论的质疑，代表人物是美国心理学家亚伯拉罕·马斯洛和卡尔·罗杰斯（Carl R.Rogers）。

亚伯拉罕·马斯诺通过对"健康人"的系统研究，分为生理、安全、爱、尊重和自我实现五个层次的需要，是人的本性需求。卡尔·罗杰斯提出了"患者中心疗法"的心理疗法，并将其运用到教育领域，主张以学生为中心进行非指导性教学，达成培养完整的自我实现的人的教育目标，形成了现代课程论的理论体系。华东师范大学钟启泉教授认为，人本主义课程主张培养完整的人，达到学生自我实现的教育目标：强调认知和情感的统一，强调课程的综合化，强调课程适应学生个性发展，注重评价方式的多元化。他在《现代课程论》中将人本主义课程理论的内容归纳为"自我实现"的课程目的、"适切性"的课程内容、"统和"的课程结构、"非指导性"的课程实施、多元化课程评价五个方面。

人本主义课程理论将以学生为中心、学生为根本的教学理念贯穿于课程目标、课程内容、课程实施、课程结构、课程评价，强调人的尊严、个性和价值，注重课程的学习体验过程，这对于改变我国以教师为主导的教育理念具有积极的促进作用。但过分关注个体自然潜能和个体差异，导致其课程内容、课程结构缺乏体系，课程评价过于依赖教师与学生的主观评价，因此其实践效果也不理想，未达到预期目的。

（三）社会改造主义课程理论

社会改造主义课程理论兴起于 20 世纪 30 年代，到 50 年代已形成了独立的一种教育思潮。其主要代表人物美国教育家布拉尔德在《教育哲学的模式》中阐述了社会改造主义课程论的内容。

布拉尔德认为，课程教育的终极目的是改变受教育者的思想认识，培养受教育者的创造意识，最终实现对社会的改造。在具体的内容上，其认为应当围绕问题来编写课程，注重与现实生活中如政治、经济、道德文化等领域的联系，以这些领域中出现的问题为重点，以为受教育者提供应对实际问题解决的参考。

在课程具体采用什么样的教授方式上，布拉尔德认为应当以实践调查和交流为主，为调查而下到田野是必要的，同时要注重新教学工具的开发和利用。该理论对教育作用的重视有利于我国教育改革，同时其注重以社会问题为导向的课程设计路线有助于教育的实践应用性。但由于其对社会问题和科学研究等因素的不平衡思考，过于倾向社会问题的观点不利于社会知识的发展和学生对知识的整体掌握。

十、蒂蒙斯创业理论

创业理论源于18世纪时entrepreneur（创业者、企业家）这一词的出现。随后，逐渐的有关创业的研究就多起来。学者们从各自不同的视角对创业相关的创业现象、创业本质、创业理论进行了探讨。杰弗里·蒂蒙斯，是富兰克林·欧林创业学杰出教授，是创业管理教育领域的权威人士，1999年起成为美国国家创业委员会的特别顾问。蒂蒙斯对创业过程模型给出了经典的诠释。

第一，商业机会是创业过程的核心驱动力，创始人或工作团队是创业过程的主导者，资源是创业成功的必要保证。

创业过程始于创业机会，而不是钱、战略、网络、团队或商业计划。开始创业时，商业机会比资金、团队的才干和能力及适当的资源更重要。在创业过程中，资源与商机间经历着一个适应—差距—适应的动态过程。商业计划提供沟通创业者、商机和资源三个要素的质量、相互间匹配和平衡状态的语言和规则。

第二，创业过程是商业机会、创业者和资源三个要素匹配和平衡的结果。处于模型底部的创始人或工作团队要善于配置和平衡，借此推进创业过程，他们必须做的核心过程是：对商机的理性分析和把握，对风险的认识和规避，对资源的最合理的利用和配置，对工作团队适应性的分析和认识。

第三，创业过程是一个连续不断地寻求平衡的行为组合。

在三个要素中绝对的平衡是不存在的，但企业要保持发展，必须追求一种动态的平衡。保持平衡的观念展望企业未来时，创业者必须思量的问题是：目前的团队是否能领导公司未来的成长、资源状况；公司下一阶段成功面临的陷阱。这些问题在不同的阶段以不同的形式出现，牵涉到企业的可持续发展。

蒂蒙斯创业理论对创业相关的商业机会、创业者、资源以及它们之间的关系进行了详细的分析，诠释了创业过程的含义。蒂蒙斯创业理论为如何培养创业人才，从哪几个方面入手培养，创业人才应该具备什么样的素质提供了一定的理论参考，具有方法论的意义。

第二节　创新创业人才培养基础理论

一、系统论

系统论最早是由学者陶隆菲（Talanffy）提出的，认为系统是各个要素按照一定的规则有序地组合在一起的，强调整体的功能大于各个组成要素之和的概念。系统论的基本思想方法是把所研究和处理的对象，当作一个系统，分析系统的结构和功能，研究系统、要素、环境三者的相互关系和变动的规律性，并优化系统观点看问题。

早期的系统论研究将系统的不同部分独立开来，只单单的研究系统中某一个环节的问题，而不注重系统整体，这种模式在目前的社会环境下已经不再适用，因它难以解决各要素相互牵扯影响的复杂问题。

在互联网迅速发展的背景下，整个社会也越来越数字化、网络化和智能化，诸多领域都面临着越来越复杂多变的外部环境，各种要素相互独立又相互融合，互为依托。因此必须充分利用信息资源优势，优化保障系统结构，保证整体运行的有效性，更好地解决人才培养实际问题。

二、孵化器理论

1950 年，美国的乔·曼库（Joe Mankoo）提出孵化器理论，并在曼哈顿创造性地设计了全球第一个孵化工程，把高校科技成果进行市场化推广。孵化器这个词最初是用来表示借助外在设施，通过调节相关环境参数来使孵卵的出生率达到较高的水平。与此相类似，现在孵化器普遍用来表示协助初创企业的发展，为初创企业提供较为适宜的发展空间与条件，把高校的科研技术进行市场化运作。

孵化器理论经过 60 多年研究与实践，其架构已经较为完善，相对比较成熟。世界各地通常把孵化器称之为菜园、产业支撑中心等，他们大体上利用极其廉价的创业场所提供给具有高新科技的初创公司，并努力提升他们的成功率。现在有很多具有较大影响力的上市公司都是从孵化器产业园走出去的。

从目前来看，世界各地的高等院校就是利用孵化器理论设立的企业创新中心。很多知名高校一般都会有自己的高端科研人才和科研成果，科技产业园以此为核心，为那些科技人才提供适宜的企业运作环境，并联合政府提供定向的政策扶持，把众多科研成果进行市场化、规模化推广，并扶持大批的中小型初创型公司。现在国内外学者普遍认为，高等院校比社会普通孵化器更具有优势，高校利用自身成熟的科研成果和基础设备能够快速的孵化出优质初创技术型公司，对当地的经济发展也有巨大的推动作用。

三、"创新人"假设

20世纪90年代进入知识经济时代，对人性的假设有了新的进展，德鲁克等人提出了"创新人"假设。德鲁克认为作为一个现代管理者，提高现有组织的创新能力，是成为变革领导者的重要条件。

哈默（M. Hammer）与钱皮（J. Champy）在《公司再造》一书中强调公司的运作必须以人为中心，必须充分发挥"领头人""流程主管"和"再造总协调"的作用彻底变革提高公司绩效，实现公司再造。

《第五项修炼——学习型组织的艺术与实务》是彼德·圣洁的重要著作之一，书中提到了学习型组织的理念，强调学习型组织的成员必须具备五项修炼技能，即超越自我、系统思考、建立共同愿景、改善心智模式和团队学习。这种管理思想具有较强的变革精神，其中"超越自我"是一种全新价值观与利益观的体现，它不是忽视个人利益，而是强调从整体的利益出发，定位于长远目标；"系统思考"体现了管理的系统性及动态的变革观；"建立共同愿景"意思就是在通过转变原有目标管理的基础上，兼顾组织内成员的利益；"改善心智模式"是要求组织内成员在分析解决问题时，要结合自己的心智模式以及他人的心智模式；"团队学习"是一种通过深度会谈的形式构建良好的员工与组织间的关系，从而充分发挥个人和团队的潜力。

"创新人"假设的内容包括：首先，人的需要由低层次向高层次不断升华，人为了实现自我创新而寻求工作上的创意和意义。其次，人们通过不断创新来发展自己的技术能力，力求在工作中持续创新，从而适应知识经济社会的发展。而实现持续创新，最根本在于学会自我激励与自我控制。为促进组织的可持续发展，组织或社会应该营造一个自由平等民主的生活环境，通过多种激励手段鼓励员工创新，保持个人目标与组织目标一致，在努力完成组织目标的基础上，通过必要的物质保障，实现个人价值目标。"创新人"假设表明，个体本身具有追求创新与变革的内在需求，这也为高校培养创新创业人才提供内在动力。

四、三螺旋理论

20 世纪 90 年代后，国外许多学者都对政府和高等院校以及企业的协同合作进行了"建模分析"，他们在尝试着去研究出一种新型的创造性的理论。三螺旋理论最早是由英国学者劳伊特·雷德斯多夫和美国学者亨利·埃兹科维茨于 20 世纪 40 年代提出来的。该理论强调的是政府和高校、企业三者之间的共同协作与配合。通过分析不难发现在"三螺旋理论"模型中，政府以及高校、企业三者之间的关系越发密切，更重要的是它们之间是相互促进、共同发展而非恶意竞争的积极关系。

（1）高校对企业和政府有积极的反向作用。比如高校一方面可以通过政府与企业来找到自身发展的方向，探索到整个社会的发展动力，从而更好地规划自身的教学计划。另一方面高校自身的科研成就也能通过某种市场化方式使得政府和企业共享收益，这样一来就保证了高校、政府、企业三者之间的良性互动和发展。

（2）从企业角度出发，企业的发展同样也对高校和社会有积极的反向作用。通常，企业的健康发展往往需要高校现有的科研成果支持，而高等院校大量的科研项目刚好满足了企业在这方面的需求。

（3）企业可以通过利用自身的优势，比如良好的经营管理能力和强大的营销推广能力等，将那些由高校提供的比较具有价值的科研成果市场化，来获取经济收益，从而最大程度上实现利益最大化。

（4）企业利益最大化时还可以反过来支持高校科研人员的工作，给他们提供资金或资源方面的帮助，从而更好地协助高校研究学者攻破技术难题，这将在很大程度上对国家高新技术的发展起到良好的推动作用。而政府作为国家行政机关，整体上担任了一种宏观调控的角色，因此作为中间第三方来支持企业与高校的协同发展并合理解决企业和高校之间存在的社会性问题，如二者因各自性质不同而产生的摩擦，并出台一些恰当的发展政策、从各个方面为高校和企业间的良性互动与合作扫清障碍是政府不可推卸的责任。

综上所述，政府与企业和高校之间是不可分割的利益共同体，简单来说就是一种互惠互利的关系：高校通过开设有关创新创业的教育课程提高高校大学生的创新创业基本素质；企业则是从资金、设备等方面支持高校大学生去自主创业；

政府作为第三方起着平衡企业和高校的中介作用，制定恰当的创业发展优惠支持政策，促进高校和企业间的合作。这三个主体都充分利用各自优势来相互协作，形成一个上升的新型螺旋体。

五、创新生态系统理论

创新生态系统理论是生态学视阈中的生态理论在创新领域中的应用。创新被置于复杂性科学视阈下，是各创新主体、要素及环节共存共生、协同演进的系统，与自然生态系统的基本特征具有一定的相似之处。创新生态系统是指在一定区域范围内，创新群落与创新环境之间以及创新群落内部相互作用和相互影响的有机整体。创新生态系统中既包括大学、企业等实体组织，也包括由多个创新实体聚集成的种群，影响创新活动的外部环境等多种要素，具有结构复杂、动态变化、互动循环的特征。由于创新生态系统涉及多创新主体、多层次和多环节，系统内部彼此之间互动竞争、互利共生，达到共同平衡，并在系统外部环境的影响之下不断演进。因此，营造一个良好的创新生态环境，不仅有利于系统内部各创新主体的良性互动循环，提升整体的创新竞争力，也有利于能动地应对外部环境中的竞争变化，并将创新的活力与效益扩展至区域、国家，从而提升国家整体的创新能力和竞争力，推动创新型国家的建设和发展。

六、合作教育理论

合作教育理论于 20 世纪初产生于美国。合作教育是一种充分利用学校与企业、科研等多种不同的教育环境和教育资源以及各自在人才培养方面的技术、资金、知识等方面的独特优势，以提升学生的全面素质、提高学生的综合能力、增强学生的就业竞争力为重点，将课堂上的学习与直接获取实际经验的真实工作中的学习结合起来，从而使课堂教学更加丰富有效的教育模式。

合作教育理论有着哲学和教育学的理论基础，合作教育中学习与工作的关系可以看作是知识的认识与实践的关系，课堂上的学习是让学生学习已有的知识，而职业上的学习则是通过实践来探索新的知识的过程。合作教育提倡师生关系的平等，在师生人际关系上摒弃权力与服从，师生间要相互信任，相互支持，相互协作。在教学目标上，主张学生个性健康发展，而不是单纯地接受知识或发展能力。

在教学实践的具体操作上，合作教育理论提倡多样化的合作方法。合作教育思潮是当代社会发展和科技发展的产物，也是教育界自身反思的结果，具有很强的时代性和现实针对性。

"教学做合一"及"教育同生产劳动相结合"等是合作教育理论在中国结合本国国情在教育界得到发展的产物。合作教育理论已经成为国际教育改革的重要指导思想之一。尤其是校企协同培养创新创业人才的模式充分体现了合作教育理论的运用。高校与企业合作开展创新创业教育，共同培养创新创业人才。

七、实用主义教育理论

美国教育家约翰·杜威是实用主义教育理论的创始人，他认为教育要与社会生产相结合，与社会生活相联系。杜威实用主义教育理论的主要观点有"教育即生活""学校即社会""教育即生长""教育即经验的改组或改造"。教育必须适应现实的需要，教育内容应与受教育者的实际需求相结合，传授实用的知识与技能。实用主义教育理论认为学生才是教育的中心，重视学生的经验、兴趣和需要，强调学生发展的主动性、创造性，强调以学生为主体的教学实践。注重发挥学生在学习中的主体作用，教师的作用在于根据学生的特点和需要来组织和指导学生的活动，改变了传统的教师本位的教育理念。主张建立合作、民主、平等的师生关系，教师要关爱学生、与学生为友，教师应向学生学习，教师应根据学生个性心理特点开展教育活动。

实用主义教育理论强调"做中学"的教学模式，注重实践教学，鼓励学生在实践中学习知识，从而促进理论知识与实践动手能力的融合。实用主义教育理论强调的以人为本的教育理念是理论教学模式必须遵循的基本原则。实用主义教育理论是构建的创新创业人才培养模式强有力的理论支撑。

八、教育与生产劳动相结合理论

马克思在《资本论》中论述到："教育与生产劳动相结合不仅是提高社会生产的一种方法，而且是造就全面发展人的唯一方法。"列宁继承并且发展了马克思的教育与生产劳动相结合理论，他认为如果没有年青一代的教育与生产劳动结合的教学和教育，或是没有同时进行教学和教育的生产劳动，都不能达到现代科技水平和科学知识现状所需要的高度。

毛泽东将马克思和列宁的学说发展并应用于中国的具体实际，他明确提出教育必须为无产阶级政治服务，教育必须与生产劳动相结合，倡导教育必须为生产建设服务。

教育与生产劳动相结合理论是构建高校创新创业人才培养的校企协同模式强有力的理论支撑。教育与生产劳动相结合的目的就是要解决人才培养过程中知识理论与具体实践操作相脱节的问题。只有学校的理论教育与企业的实践教育紧密结合，才能共同培养全面发展的高素质创新创业型人才。

九、协同学理论与协同创新理论

（一）协同学理论

"协同学"一词最早来源于希腊文，其主要意思是协同合作的科学，也就是许多不同的子系统相互作用的一门科学理论，是介于自然科学和社会科学之间的一门"横断"科学。1977年德国著名理论物理学家赫尔曼·哈肯（Hermann Haken）首次正式提出了协同学理论。协同学理论具有普遍适用性，人们可以通过它从宏观的角度来准确把握事物的规律性，因而在全世界受到了普遍欢迎。

协同学以整个自然界和社会为其研究对象，其研究内容主要是研究把杂乱无序整合调整成有条理的状态，揭示了整个自然界和社会各种系统的逐步发展演变以及改善所遵循的一般规律。协同学认为，系统中各个子系统有规律有条理的互相作用，进而形成一个稳定的整体系统；而所有的系统又是由众多不同子系统组合而成，在一定条件下子系统之间协同作用；子系统相互协同作用与子系统的特性并无关联，而主要是由相同原理的引领。通过发现影响系统变化的主要因素，充分展现出系统中子系统间的相互合作机制。协同学中，尽管有众多各种不同属性的系统，但从整个大环境来说，各系统间能够相互合作且又相互影响，也包括一般社会现象，例如不同企业之间的协同合作，不同部门之间关系的协同创新，企业之间相互合作或者竞争的作用，以及系统内部的互相牵制等。

协同学之所以能够成为软科学研究的重要工具之一，是由于其展示出来物态变化的普遍方程式：旧结构、不稳定性、新结构，即随机状态参量和控制变量之间相互作用把系统从它们的旧结构状态驱动到新结构状态，并且确定应实现的那个新结构状态（新组态）。这种物态变化规律适用于许多学科，并且力求加强完善不同学科之间相互协作和交流。

（二）协同创新理论

"创新"最早是由熊彼特提出来的，他主要是从经济学的角度来定义"创新"，认为"创新"是一个经济而非技术范畴，是对新产品或新过程的一种商业化，就是将一种全新的有关生产要素与条件的组合用于生产体系，从而建立一个新的生产函数。它不只是科学技术上的发明，更多的是将业已存在的科技应用到企业中去形成一种全新的以营利为目的的生产能力。与之前相比，它的功能或效率得到了明显的增强，更关键的是它能够在整个的创新过程中取得超额的经济利益和社会价值，同时还能够不断地促进科学技术和生产资料的革新。这就是所谓的"协同创新"。

具体来讲，协同创新就是一种以知识增值为核心的创新机制，是组织内部形成的一种关于技术、知识、能力等方面的分享机制，是为了最大程度上取得重大科技成果创新而由政府、企业和高校等主体建立起来的大跨度整合的创新组织模式，是指对创新要素和资源进行集中整合，从而能够打破各个创新主体间的隔阂并实现彼此间关于信息、资本、人才、技术等方面的深入合作。

在协同创新的机制下每个相对独立的创新主体拥有着共同的奋斗目标，通过多种方式进行沟通协作，并依靠"现代化信息技术"去搭建一个资源共享的平台。

随着全球经济的快速发展，科学技术的进步和日益成熟，不同的学科间以及科学技术和社会经济间的联系越来越密切，导致科学技术的创新和发展的增长点逐渐转变为"交叉学科"。

一方面，比较重大的科学技术创新或是工程的创新常常需要配备先进的科研仪器、优秀的科研队伍，但是基于复合学科的"联合创作"却是当今知识信息时代最需要的创新——协同创新。

"协同创新"从整体上来讲是一项比较复杂的创新组织模式。它的关键在于构建一个恰当的机制和制度安排，要形成一种多元主体参与的协同创新、良性互动的创新模式。在这种创新模式下，高校和企业组织以及研究机构是核心要素，政府和金融机构以及中介组织等"实践平台"或者说非营利性组织是辅助要素，这些"知识创造主体"和"技术创新主体"双方彼此纵向合作并对资源进行某种整合，一种"系统叠加"的非线性效用就会随之出现。

发展"协同创新"就要大力发展科学技术，不断提出创新办法和思路，建立一个分工明确、权责明确的实践平台，不断推动科技创新从而不断增强综合竞争力，在创新实践中不断取得"新技术""新知识"以及"新工艺"等方面的科研成绩。大体上，协同创新理论的主要特点有：一是整体性。协同创新强调要充分发挥每个创新要素的"综合效应"，从而实现创新资源的优化配置，由此可知它需要的并不是各要素的简单相加而是各要素之间的紧密结合；此外，协同创新存在的方式、目标以及其功能均体现了"统一的整体性"。二是动态性。"协同创新"从整体上来讲是一项比较复杂的创新组织模式，而这个模式要求形成一种多元主体参与的协同创新、良性互动的创新模式，高校和科研机构等"知识创造主体"和企业等"技术创新主体"双方彼此深入合作，进行资源整合。这个过程必然是动态的，不断变化的。

第三章　高校创新创业人才培养

创新创业人才培养已经成为高校教育的重要组成部分，是提升大学生就业的重要保障，高校创新创业人才培养经过不断地发展呈现出新的现实状态和特征，同时也存在一定的问题。本章分为高校创新创业人才培养的现实状态，高校创新创业人才培养的现实特征，高校创新创业人才培养存在的问题与成因三个部分。主要内容包括：我国高校创新创业人才培养的发展阶段、现状、取得的成效和机遇，高校创新创业教育发展的现实特征，高校创新创业人才培养的基本特征、活跃度空间分布特征和各作用主体特征，高校创新创业人才培养影响因素及困境研究、存在的问题及成因等。

第一节　高校创新创业人才培养的状态

一、高校创新创业人才培养的现状

经过多年的建设，尤其是近些年党和政府的高度重视和积极行动，我国的创新创业教育人才培养得到了广大民众的支持和认同，创新创业教育理念日渐深入人心、体制机制不断健全、发展态势日趋活跃，在各个方面都实现了快速发展。

（一）树立科学的理念

创新创业人才培养教育发展的一个最大成就就是在全社会树立了科学的创新创业教育理念。近年来党和政府关于创新创业教育先后出台了深化高等学校创新创业教育改革的多个文件，提出把创新创业教育有效纳入专业教育和文化素质教育教学计划和学分体系，建立多层次、立体化的创新创业教育课程体系等发展理念，指导创新创业教育。回顾创新创业教育的发展历程，不难看出，全社会对创新创业教育的认识也是一个由模糊逐渐清晰的过程。目前，大家对创新创业教育有了较为全面的认识，并高度认可和认同，对于推动创新创业成为全社会共同的价值追求和行为习惯，激发全民的创新创业热情，促进创新型国家战略和创新驱动发展战略的顺利实施一定会产生重要作用。

（二）构建较为完善的教育体系

与以往相比，创新创业已成为我国高等教育的一个重要研究领域和一项重要教育内容。经过近几年的不断探索实践，我国创新创业教育的体系化建设从设计到落实已日臻完善。

一是加强组织领导。各高等院校必须成立创新创业教育工作领导小组，由校长任组长，分管校长任副组长，各相关部门负责人任成员，建立由校领导宏观指导，教务处牵头，学工、就业、团委等部门齐抓共管，广大学生积极参与，企业大力配合的创新创业教育工作机制。

二是健全创新创业教育课程体系。在大学中开设创业学专业或研究方向，并相应授予学士学位、硕士学位、博士学位。学校要根据学生特点和学校实际，实施分阶段、分类别、分层次培养，积极开展教学改革，围绕创新创业精神、创新创业理论、创新创业实践三大模块。针对不同学生群体分类别设计创新创业教育课程体系。在此基础上，还要探索建立创新创业学分积累与转换制度。

三是创新人才培养模式和培养标准。近年来，党和政府对创新人才培养模式、标准以及培养路径都提出了明确要求，探索建立跨院系、跨学科、跨专业交叉培养创新创业人才的新机制，促进人才培养由学科专业单一型向多学科融合型转变的人才培养机制，建构以创新理念、创新精神、创新能力、创新效果等为指标的人才培养标准。

四是完善创新创业资金支持和政策保障体系。资金支持和政策保障是创新创业教育开展的基础。地方要整合财政资金和社会资金，支持高校的创新创业教育，学校要多渠道统筹资金，设立专项经费，支持创新创业教育教学、创新创业实践以及搭建创新创业平台建设，支持大学生开展创新创业活动，资助学生创新创业项目。

另外，要鼓励社会组织公益团体、企事业单位和个人等积极参与，成立创新创业协会，设立大学生创新创业风险基金，重点支持大学生到新兴产业创业。

（三）制定创新创业人才培养体系

创新创业型人才培养过程是一个多主体参与、多层次思考、多环节实施的工作。立足于高校创新创业教育机制改革，按照高校教学质量国家标准的层次体系，分别从培养目标、培养要求、主干课程、实践性环节、保障措施等五个方面，制定出一套较为完善的高校创新创业型人才培养体系。

一是多层次培养目标。要达到培养创新创业型人才的教育目的，需要针对高校学生的特点制定出符合要求的培养目标。从培养目标方面看，按照学生对创新创业的理解深度建立激发梦想、政策指导加技能辅导和创新创业实践三个阶段的目标：①激发学生创新创业梦想。受传统教育体制的影响，高校学生在就业时，更多地选择一些较为稳定的政府机关、事业单位和发展体系成熟的知名企业，对于一些充满挑战的中小企业关注度较弱，直接选择创业的人更是少，故引起学生对创新创业的兴趣，使学生愿意学习与创新创业有关的知识与技能，是创新创业教育顺利进行的开端；②政策指导加技能辅导。首先指导学生学习创新创业相关政策、法律法规，了解一个企业运营应当遵守的法律法规。之后针对不同专业学生，分别向其传授专业技能知识，让学生充分掌握与本专业创新创业相关的专业知识和基本技能，为后期的创新创业工作夯实基础；③创新创业实践。由于创新创业教育是一门偏实践性的学科，只有经过实战训练，才能检验其教学效果，达到理论与实践结合的目的。人才培养体系的最后一阶段的培养目标设置为创新创业实践，给学生提供创新创业实践环境，做好人财物支持，使学生融入创新创业全过程，逐步走向创新创业之路。

二是分阶段培养要求。根据创新创业型人才培养目标，把学生的创新精神、创业能力的培养细化成具体的培养要求，以作业或考核的形式检验学生的学习成果，这是创新创业型人才培养体系的第二层次：①在激发梦想阶段，要求学生能够撰写创新创业规划书，对自己未来创新创业生涯制订详细计划，如选择期望踏入的创新创业行业，描述如何开拓创新创业市场，以及规划自己创新创业前景等；②在商业计划书的撰写阶段，要求学生以团队撰写商业计划书，制订一份详细的项目计划，具体包括招商引资、公司运作、计划生产、销售服务、风险管理等。在经营模拟阶段，要求学生进行模拟经营企业，将商业计划书中的内容落实于实践，切实参与创新创业的各项流程，体验创新创业的乐趣，激发创新创业灵感。

三是系统性主干课程。主干课程的设置是创新创业型人才培养体系落地实施的重要环节，应贯穿本科生课程始终，整合与创新创业有关的各学科知识与技能，形成综合性的跨学科课程培养体系。设立专业必修课和选修课，纳入学分管理，建设科学合理的创新创业教育课程群。与大学产业园融合，单独成立创新创业学院，在全校所有专业开设创新创业课。将各类专业课与创新创业教育联系起来，挑选适用性教材，配置优秀教师团队，确保学生获取高质量的理论基础，调动各专业学生协同配合，共同提高创新创业能力：①开展创新创业理念辅导课程，由长期从事高校学生创业辅导的老师进行授课，确保激起学生对创新创业的热情；②充分发挥经管学院及法学院老师的学科优势，面向全校开展公司法、商法、税法等课程，使学生了解法律常识，避免政策性错误。技能辅导环节注重将专业教育和创新创业教育的结合，使专业教育与创新创业教育有效衔接，培养学生的专业能力，针对不同专业的学生，设置相应专业课程，由该学院老师传授，保证学生获取最系统的专业知识，逐步实现由知识传授转向能力培养的人才培养目标，以此提升学生的创新创业能力；③邀请从事创新创业企业经营的中小企业主，现场与学生分享自己的创业过程及重要经历，使学生了解创新创业全过程，对创新创业有了初步的认识，有利于接下来的创新创业实践。高校可自建或引进一些线上课程，如云课堂、慕课等在线开放课程，引进优质教学软件，以适应不同学生的学习需求和学习规律，使学生不仅可以在课堂面授学习，还可以利用闲暇时间进行自学，以丰富的教学形式满足学生的不同需求。

四是多样化的实践教学环节。①在激发梦想环节，以多媒体授课、直播、录播等形式观看财富人生、成功励志讲座等栏目，此过程所选取的案例应形象直观，具有客观真实性。如今高校学生是一个渴望成功、崇尚英雄主义的团体，成功励志榜样的故事会激励当代高校学生对自己的知识结构和个人素养进行深刻反思，从而深入情境中学习，激起学生对创新创业的向往和憧憬；②在商业计划书的撰写环节，进行政策引导和技能辅导，挑选优秀的商业计划书、典型创新创业案例以及优质的创新创业电影鉴赏，引导学生对案例进行反复思考，与实际案例的对比可以使学生意识到自己的创新点与不足，在不断的分析过程中建立良好的逻辑思维，灵活思路，广开言路，帮助学生养成独立思考，不断探索的习惯；③在模拟经营环节，开展创新创业大赛、创业园实践等活动，鼓励学生将之前案例教学中学到的理论知识应用到实践探索领域，将理论与实践相结合，模拟开办经营企业，站在创业者的角度思考问题，亲身经历创新创业的全过程，不断创造价值，获得对创新创业的更深层次理解。

五是人才培养保障机制。①依托学校官网、公众号广播、报刊等媒体做好创新创业教育的宣传推广工作，在全校打响"创新创业教育人才培养"品牌，根植校园、种植身边，选取身边创新创业先进典型人物，利用微信、微博等新型媒体分享其创新创业历程，激发学生的创新创业梦想，引发学生向先进典型学习的积极性，从而更广泛的加入创新创业活动中去。②在理论教学环节，要聘请专职的创新创业教师队伍及行业优秀人才，建立创新创业教育教师绩效评估体系，每年对从事创新创业教育的教师进行绩效评估，整合学校人财物等资源，在职务评聘方面予以倾斜，给予教师一定奖励和综合性补贴，把创新创业教育取得的成果归作科技成果进行绩效考察，激励教师从事创新创业教育理论与实践研究，为创新创业教育长远发展提供坚实后盾。还应当配有专人负责课程教材的挑选及优秀案例的收策、汇总，教材与案例都应与时俱进，及时更新，关注社会前沿话题，紧跟社会发展潮流与趋势，确保学生学到实用的知识并应用于实践。③整合教育资源，"内合外联，集成合力"可以释放教育新动能。在创新创业实践环节，高校应给予更多的经费和政策支持，积极举办各种创新创业比赛，鼓励学生将之前所学的理论知识应用于实践中，逐步落实项目计划书中的内容，体验开办企业、招商融资、运营销售、风险管理等过程，全程跟踪学生的创新创业实战，落实优胜学生奖励措施，如增加综测评分，给予实体奖励等，使高校学生真正融入创新创业课程中去，塑造创新思维，提升创业素质，培养不惧艰险、勇于开拓的创新创业进取精神。

（四）开创大众创新、万众创业新时代

近年来，"互联网＋"、大数据、云服务、众创空间等创新理念和发展模式纷纷涌现，党和政府积极引导，不断出台各类激励政策，鼓励支持民众积极创新创业。当前，大众创业、万众创新的理念正日益深入人心，大众创新万众创业活动正在蓬勃开展，全民创新创业热情高涨，随着各级党政部门对大众创新万众创业精神的认真贯彻落实，"互联网＋"、云计算、大数据等各种新产业新模式、新业态不断涌现，有效激发了社会活力，释放了巨大创造力，成为经济发展的一大亮点，大众创新万众创业时代已经形成。

（五）实现创新创业教育由第二课堂到第一课堂的转变

随着创新创业教育理念的树立和体制机制的不断完善，创新创业实践活动实现了创新创业教育从第二课堂向第一课堂的转变。从 20 世纪 90 年代开始，我国的创新创业活动就一直有序进行，"挑战杯"大学生创新创业计划竞赛，"中国青少年机器人大赛""计算机仿真大赛"等活动蓬勃开展。但整体上来讲，这些活动都属于第二课堂。学校并没有开设专门的创新创业课程，学生参与这些活动大多凭借兴趣参加，教师也往往是义务的给学生进行辅导指导，因此，学生作品的层次、成果质量很难保证。党的十八大以来，创新创业教育有了质的提升。教育部先后深入实施了"基础学科拔尖学生培养试验计划"系列卓越计划，协同育人行动计划和"大学生创业引领计划"开展了类型多样、内容丰富的全国大学生

创新创业大赛等赛事，搭建了大学生创新创业服务平台和大学生创业孵化园，设立了"高校毕业生创业资金""天使基金"等资助项目，建设了一批高校实践育人创新创业基地、实施了大学生创业引领计划、举办了全国大学生创新创业年会等一系列创新创业教育活动，为激发大学生参与创新创业热情，营造大学生创新创业良好政策环境提供了发展平台。

2019 年 10 月，教育部出台《关于深化本科教育教学改革全面提高人才培养质量的意见》，强调要持续推进国家级大学生创新创业训练计划，提高全国大学生创新创业年会整体水平，办好中国"互联网+"大学生创新创业大赛，深入开展青年红色筑梦之旅活动。大学生的创新创业意识逐渐增强，创新创业能力不断提高，创新创业活动在学生个体上由自发变为自觉，在工作机制上由无专人指导变为专门教育，在活动模式上由传统模式转向"互联网+"模式，在活动阵地上由校园转向社会。在现实意义上由纸上规划转向实际操作，实现了理论与实践的对接，实现了由量变到质变的飞跃。

二、高校创新创业人才培养取得的成效

国内重点大学从零基础开始实施不同程度创新创业教育，取得一定成效，并能为国内其他学校提供成功的可以借鉴的宝贵经验。

第一种是以深化学生创新创业理论知识，加强学生创业实践技能为侧重点的模式，典型代表是北京航空航天大学。学校专门成立了负责与学生创新创业事务有关的"创业管理培训学院"，为学生创业提供咨询服务。另外，学校还设立了数百万元创新创业基金。在对学生的创业计划可行度进行评估后，如果发现计划有高度可实现性，便会以"种子期"的方式进行融资。

第二种是以侧重培养学生整体能力，提高学生各方面素质，将创业教育和素质教育有效结合的模式，典型代表是中国人民大学。学校努力将第一课堂与第二课堂的优势融合起来，形成一种新的教学方式。就第一课堂而言，加大选修课程占总课程的比重，增加"创业家精神""创业模式管理"等课程，培养学生的创新、批判思维。在第二课堂方面，学校以公益实践为导向。创造性地激励学生投入各种社会实践活动和社会公益活动在实践中总结经验。

第三种是以上海交通大学为代表的创新教育模式。该模式认为创新教育理论是创业教育实践的土壤，学生基本素质的培养在传授专业知识的过程中极为重要。再者，由于资金和必要的技术咨询是学生创办公司的根本前提，所以学校成立专项资金以及设立专门咨询机构以供学生在遇到困难时寻求帮助。另外，学校热衷

于举办大学生创业比赛，以开放的形式鼓励各大高校学子参加，以期实现智慧的碰撞，在比赛结果公布后尽可能创造条件，将竞赛中选拔出来的可行项目向实际应用层面延伸。

三、当下高校创新创业人才培养的时代境遇

马克思主义认为，任何事物的产生、发展、兴盛、衰亡，无不打上时代的烙印，无不与当时的环境及社会发展相联系，均具备时代性。时代性蕴含着历史发展的新趋势，体现着社会经济政治文化变化的新格局，凝聚着人类文明进步的新信息，展示着社会前进的新风貌。高校加强创新创业人才培养在我国的快速发展有其深刻的时代境遇。

（一）经济转型发展的要求

我国是中国特色的社会主义国家，新时代的经济发展要求我国尽快实现模式转型，过去的以破坏环境为代价的传统经济发展模式已不符合当下时代的要求，同时我国正在努力向高科技产业、创新产业靠拢，甚至将其作为我国经济的支柱产业，走自主创新之路要更加关注人才的选拔、创新，从而实现经济转型升级发展。新时代社会主义市场经济的发展主体是企业，各企业在推动我国经济转型发展承担着不可推卸的责任，不断提高企业自身创新能力和人才培养，不仅能够使企业获得核心竞争力，更能推动我国经济整体实力的发展。

人才储备是衡量一个国家综合国力的重要标志，是提升国际地位的重要保障，是推动我国经济发展的第一资源指标，谁拥有了强大的人才队伍，谁就拥有了大力发展经济的坚实后盾，我国作为全球最大的发展中国家，要想跻身于世界强国行列，就必须加强人才的培养。人才资源的多少很大程度上决定了我国的经济发展步伐、继而影响到经济发展的方向、道路、竞争力、可持续发展潜力和经济效益等诸多因素。在经济的发展过程中，人才培养作为第一主导力，伴随着产业培育、产业改造升级、市场开拓、特色产业发展等不断地发展壮大。当前全球经济市场的竞争就是人才的竞争，谁拥有更多的人才，谁才能拥有更大的发展空间，人才已然成为经济发展的根本动力。人才是经济发展的重要支撑，同时也需要多种因素的参与，比如资金、技术、市场、资源、设施建设等等。如何培养人才建立新型的人才培养模式，已经成为当前各大高校的重点发展课题。

（二）创新型国家战略和创新驱动发展战略的实施

创新型国家战略和创新驱动发展战略的实施为高校加强创新创业教育发展提

供了重大机遇和发展动力。面对我国经济下行压力和国际竞争压力的不断加大，创新精神和创造能力培育不仅关系着人才培养模式的变革，也关系着国家战略的审慎定位，而这种创新精神和创造能力就是要"改变生产方式和交换方式"的终极原因，即社会变迁和政治变革的发展动力。

因此，从党的十七大提出建设"创新型国家"战略，到党的十八大强调"要坚持走中国特色自主创新道路，实施创新驱动发展战略"，再到党的十九大提出"加快建设创新型国家"，实际上都是在积极发展改变生产方式和交换方式的动力。回顾中华民族发展历程，在当代中国比以往任何时候都更需要、也更坚定弘扬创新精神和创造能力。实践证明，创新型国家战略和创新驱动发展战略的实施不仅极大地提高了我国的综合国力和国际竞争力，而且为创新创业教育的发展营造了良好的发展氛围，带来了难得的发展机遇。

（三）国家政策支持

《国家中长期教育改革和发展规划纲要（2010—2020）》（以下简称《纲要》）为高校加强创新创业教育发展提供了方向指导和政策支持。《纲要》的颁布实施，为我国未来十年的教育发展进行了全面谋划，对高校创新创业教育也提出了明确要求。第一，《纲要》明确了人才培养的标准，强调要"着力提高学生的学习能力、实践能力、创新能力"。因此，《纲要》与创新创业教育在人才培养方面本质上是一致的，开展创新创业教育也是落实《纲要》精神的一个重要体现。第二，《纲要》明确提出必须提高高等教育质量，强调要加强就业创业教育和就业指导服务，创立高校与科研院所行业、企业联合培养人才的新机制。《纲要》要求高等教育改革必须提高高校的社会服务水平，加强大学生的创业实践和创新研究能力的培养，即要广泛开展创新创业教育。第三，《纲要》还警示了高校偏离创新创业教育的风险。百年大计，教育为本。当前，我国经济社会发展进入"换挡期""深水区"，各种矛盾叠加交织，对人才素质的结构与层次培养提出了新的要求和渴望，这也表明高等教育存在偏离创新创业教育这一人才培养模式的风险。因此，开展和加强高校创新创业教育势在必行不能有半点马虎。

（四）国家新发展格局的使命

构建新发展格局为高校加强创新创业教有发展提出了新的要求和使命。2020年10月，党的十九届五中全会通过的《中共中央关于制定国民经济和社会发展第十四个五年规划和二〇三五年远景目标的建议》提出，要加快构建以国内大循环为主体、国内国际双循环相互促进的新发展格局。构建新发展格局是对高校创新创业教育一次难得的发展机遇，它倒逼我们必须从固有的、落后的教育思维、模式中解放出来，重建符合社会发展需要的人才质量观，建立创新创业教育培养模式并提高其培养能力，而实现经济顺利转型的首要任务就是培养具有创新创业精神的优秀人才，前提在于切实加强创新创业教育。然而，我国创新创业理念还没有深入人心，创业教育培训体系还不健全，善于创造、勇于创业的能力还不足，鼓励创新、宽容失败的良好环境尚未形成。相当多的高校依然坚持传统培养模式，创新创业教育理念很难转化为指导行动的理论，学生的创新创业参与度与实践性都远远不够，教师群体自身的创新创业意识与能力还得不到解放与提高，实践平台建设还十分短缺，创新创业教育的体制机制亟待培育健全。这些都与国家构建新发展格局与以创业带动就业等政策导向不相适应，因此，亟须深化高等教育模式改革，探索和落实创新创业教育培养模式。

第二节　高校创新创业人才培养的特征

一、高校创新创业人才培养定位特征

随着党和政府对高校创新创业教育战略决策的敏锐把握，创新创业教育在人才培养、服务国家经济社会发展和促进高等教育综合改革方面的定位日渐清晰，呈现出三大现实特征。

（一）新时期国家人才培养的战略选择

《国务院办公厅关于深化高等学校创新创业教育改革的实施意见（国办发〔2015〕36号）》（以下简称《意见》）指出树立先进的创新创业教育理念，面向全体、分类施教结合专业、强化实践，促进学生全面发展，提升人力资本素质，努力造就大众创业、万众创新的生力军。教育部办公厅《关于做好2018年深化创新创业教育改革示范高校建设工作的通知（教高厅函〔2018〕20号）》指出，要完善人才培养质量标准体系，强调要深入推进创新创业教育与专业教育、思想政治教育、职业道德教育紧密结合，深层次融入人才培养全过程。围绕这些文件精神，教育部近些年又陆续开展了国家级大学生创新创业训练计划、基础学科拔尖学生培养试验计划以及教育部正在推动的人才培养联盟建设等。从这些文件和实施的计划等措施可知，依托高校创新创业教育培养素质高、能力优、具有创新精神和实践能力的优秀人才，已经成为新时期人才培养的明确定位。

（二）服务国家经济社会转型的重要举措

教育部《关于大力推进高等学校创新创业教育和大学生自主创业工作的意见（教办〔2010〕3号）》指出，创新创业教育是适应经济社会和国家发展战略需要而产生的一种教学理念与模式。这是教育部首次对创新创业教育在服务国家经济社会发展方面所起作用的表述，但这时的创新创业教育还仅仅是一种教学理念和模式，还没有真正发挥其在促进经济社会发展中的作用。教育部《关于深化本科教育教学改革全面提高人才培养质量的意见（教高〔2019〕6号）》指出：挖掘和充实各类课程、各个环节的创新创业教育资源，强化创新创业协同育人，建好创新创业示范高校和万名优秀创新创业导师人才库。强调了创新创业教育在高水平创新人才培养工作中的重要作用。随着我国经济发展进入构建以国内大循环为主体、国内国际双循环相互促进的新发展格局，创新创业对于国家经济结构调整、优化升级的作用日益明显，加强创新创业教育，服务国家经济社会发展的脚步明显加快。无疑，实施创新创业教育既是服务国家加快经济发展方式转变，建设人力资本强国，实现两个一百年目标的战略举措，也是国家实施创新驱动发展战略、经济可持续发展战略以及经济结构调整提质增效升级战略的迫切需要，创新创业教育已经成为加快建设创新型国家的重要举措。

（三）高等教育改革的突破口

我国高等教育已经发展到了"以量谋大"到"以质图强"的新阶段，"提高人才培养质量，提供优质高等资源供给能力与水平成为当前高等教育综合改革的核心任务"。《纲要》发布实施后，相关部门都多次印发文件，指导高等教育的综合改革，其中的一个着力点就是加强创新创业教育。《教育部关于全面提高高等教育质量的若干意见（教高〔2012〕4号）》第九条中，专门对加强创新创业教育和就业指导服务进行安排部署。由此我们可以看出，创新创业教育就包含在"加快重要领域和关键环节改革步伐"之中，是题中应有之意。教育部、科技部联合印发的《2011协同创新中心建设发展规划》也指出，创新创业教育"是深化教育领域综合改革，推进高等教育与科技、经济、文化更加紧密结合的重要抓手"。2018年9月，教育部出台《关于加快建设高水平本科教育全面提高人才培养能力的意见（教高〔2018〕2号）》，强调："把深化高校创新创业教育改革作为推进高等教育综合改革的突破口，面向全体、分类施教、结合专业、强化实践，促进学生全面发展。"另外，教育部在深化高等学校创新创业教育改革视频会议上还多次强调，深化高校创新创业教育改革是推动高校毕业生更高质量创业就业的重要举措，意义十分重大。

二、高校创新创业人才培养的基本特征

（一）自主性

高校创新创业人才培养的自主性，可以从两个方面来阐述：一是教育行政主管部门的监管程度，即留给私立学校多少自主性空间；二是院校对内部事务的自主决策和自主决定程度，即日常学校运作中创造的自主性。高校的办学特点是以就业为导向，以培养应用型人才和较高的就业率赢得社会的认可，获得更多的生源。高校的办学方式更加灵活，很少会受到教育行政部门的干预，在课程设置方面拥有更多的权力，选择的空间比较大，以市场经济的发展作为导向，结合当前社会的人才需求进行课程调整，学习方式多种多样。因此，在高校开展创新创业教育具备了更大的优势，创新创业教育更加容易取得好的成果。

（二）普惠性

由于民办高等教育属于公共产品，具备为任何有教育需求的人提供创新创业教育平台的特点。同时，真正的创新创业教育是"普惠性"的，让每一个学生都能具备这种（创新创业）能力。高校的创新型人才培养理念与创新创业教育的教育理念有相同之处：更加注重对大学生实践能力的培养，其面对的对象是全体在校大学生。高校开展创新创业教育时，根据地区经济社会的发展需求情况，满足对不同专业、不同领域的应用型人才的要求，坚持以培养学生为中心，根据创新创业社会环境的变化，适时地调整创新创业教育培养体系，对新时期"互联网＋"这一大背景下的新型创业机会充分进行发掘，持续不断地提高高素质应用型人才的培养质量。

（三）创新性

国家提出创业教育要面向全体学生、结合专业、融入人才培养全过程，定位于创新创业人才培养的高校创新创业教育，也要遵循这样的理念。需要强调的是，"面向全体"不是整齐划一，其既要对全体学生提供全覆盖的创新创业教育，又要针对不同类型的学生提供个性化的分类培养方案。"结合专业"不仅要结合不同专业开设特色创新创业教育课程，更要深入挖掘各学科专业知识、理论、实践中的创新性特质，潜移默化地培养学生的创造热情、创新意识、创新创业价值观。"融入人才培养全过程"重在如何融入，既要确保有效融入，又要使创新创业教育具有一定的独立性，定位于创新型人才培养的高校创新创业教育，还要突显以下三方面的新特征。

（1）创业教育与创新教育相结合。创新与创业是双生关系，二者天然地紧

密联系在一起。正如蒂蒙斯所言，如果把创业比成美国经济的发动机，那么创新就是此发动机的汽缸，它带动了许多重要新发明和新技术的诞生。创新与创业密不可分，创新教育与创业教育也密不可分。创业教育不仅要为社会创造经济利润，更要有创新，对于以机会型创业为主的高校创业教育而言更是如此。高校要突破创新教育与创业教育相分离的局面，打通创新教育与创业教育，将二者有机融合。

（2）创业教育与实业教育相结合。定位于创新型人才培养的创业教育，是一种实践导向很强的教育，高校培养的是要直接参与和引领经济社会发展的人才。这样的教育必须时刻瞄准经济社会发展需求，不能仅就创业教育而谈创业教育，而是要与实践教育相结合，"学中干""干中学"，使学生在参与社会生产实践过程中提升创新创业素质。这就要求创业教育的目标确立、课程建设、师资配备、教育教学等不能只局限于教育系统内部来完成，必须放在国家和地方经济社会发展需要的大背景下来研究和设计。

（3）创新创业教育与职业生涯教育相结合。创新创业教育要与学生的职业兴趣和职业生涯规划相结合，要解决学生的个人发展问题。创业是一种职业路径和方式，创业生涯必须与职业生涯相融合才是可持续的发展路径。这就要求创业教育要从小抓起，注重基础教育与高等教育、高等教育与继续教育相衔接，根据创新型人才成长的阶段性特点和需求，系统设计各教育阶段创业教育目标、内容和方式，把创新创业教育切实贯穿于国民教育和学生职业生涯全过程。

（四）实践性

高校被认为是我国现代化教育在经济发展到特殊阶段的必然结果，地方经济的发展加速了对人才的培养和需求，高校以培养能够满足我国现代化市场经济发展所需要的高质量、应用型人才作为其首要任务。高校的教育理念就是要培养学生的动手能力、生产能力和生存能力，教会大学生将理论运用到实践当中，达到知而能行，进而获得真知。虽然学生在理论文化知识方面的学习能力较弱，但动手实践能力较强，这一特点使得高校对创新创业教育产生兴趣的学生比例更高。

（五）整体性

高等教育是一个系统工程，有自身的规律，不是强调什么就增加什么的简单加法。创业活动是真实的而不是书本上的，创业教育是历练出来的而不是说教出来的，创业者需要整合技术、资金、市场等多种要素，特别是要有捕捉市场需求机会的能力。因此，高校的创业教育不是设计一两门课程那么简单，而是要对自己的育人模式有整体设计。

三、高校创新创业人才培养的空间分布特征

东部地区"领跑"在高位失衡，中西部地区"跟跑"且在低水平下均衡。通过创新创业活跃度分布，我国各地区的创新创业活跃度水平存在明显的区域差异，东部地区北京市、上海市、天津市等一直保持较高水平的创新创业活跃度，并且有明显的集聚效应。中部地区除各别省份有些波动外，其余各地区的创新创业活跃度保持在相对稳定的水平，但整体上要低于东部地区。西部地区地广人稀，在经济发展上一直处于劣势，其创新创业活跃度水平也整体低于东部与中部地区。可以看出，我国创新创业活跃度的空间分布特征与我国经济发展水平的空间分布特征是基本吻合的。

我国地区之间的创新创业活跃度存在二八现象。创新创业活跃度综合得分排在前几位的地区比排在末位地区的综合得分高出许多，并且根据地区的创新创业活跃度，有高水平的创新创业活跃度的地区仅有20%，而创新创业活跃度水平较低的地区占了大多数，约有80%，即二八现象。我国地区按照创新创业活跃度分为了四类，分别为创新创业极度活跃型（北京市）、创新创业高度活跃型（上海市）、创新创业中度活跃型（广东省、江苏省、浙江省）省、创新创业低度活跃型（安徽省、山东省、福建省、陕西省、重庆市、青海省、海南省、云南省、四川省、辽宁省、宁夏回族自治区、湖南省、河北省等）。可以看出北京市作为我国的首都，其创新创业活跃度也处于"领跑全国"的地位，但属于第四种类型创新创业低度活跃型的地区有24个，占我国地区总数的80%，因此我国大部分地区的创新创业活跃度亟须得到提高。

产业结构、金融发展与税收负担对创新创业活跃度产生显著的影响，而流动人口与信息服务虽然对创新创业活跃度有一定的影响，但结果并不显著。其中，流动人口与信息服务虽然对创新创业活跃度存在一定作用，但效果并不是很显著；而产业结构、金融发展水平与税收负担这三个影响因素会对地区的创新创业活跃度产生显著的影响，税收负担的变动会对地区的创新创业活跃度产生很大的影响，产业结构与金融发展水平的变动会对地区的创新创业活跃度产生较为显著的影响，但是作用不是很大。

四、高校创新创业人才培养中各主体特征

政府在高校创新创业教育中虽然有着重要及独特的作用，但高校创新创业教育的顺利发展需要高校、社会、学生和家庭方面共同的支持和努力。在高校创新

创业教育中，政府对高校创新创业教育起到引导作用，高校对创新创业教育起到主导作用，社会力量则对高校创新创业教育起到协助作用，学生和家庭主要是起到参与和实践作用。通过对高校创新创业教育中各作用主体的分析整理，明确政府在创新创业教育中的地位，即明确政府在创新创业教育中的作用是什么。

（一）高校的主导作用

2002年，清华大学等九所高校被教育部选为第一批在全国范围内进行创新创业教育的试点高校，标志着高校从自主研发及政策引导这两方面上均成为我国创新创业教育的主要承担者。

首先，高校需要承担起创新创业教育体系的改革，主要表现在对创新创业教育的教学内容制定、人才培养计划方案、创新创业教育教学质量的测评、学生学籍保留制度的完善等方面。高校对创新创业教育的课程设置，应以提高学生创新思维和创业能力为核心，在开展创新创业教育教学活动时，应以培育学生创新创业意识和精神、创新创业知识结构、培养大学生创新创业能力作为教学核心。其次，加大对师资队伍的建设。高校创新创业教育教师的教学目标不仅要帮助学生认识、理解、掌握什么是真正的创新创业教育，更重要的是带领学生进行创新创业实践活动。

利用寒暑假的时间，组织相关的专职教师前往与高校合作的相关企业中，参与到企业的工作当中，以亲身经历指导学生实践课程。最后，各高校根据实际情况结合创新创业教育的需求建立考核机制，将教师在创新创业教育过程中的教学成果和科研成绩纳入教师绩效考核和职务评审当中，满足创新创业教师的心理需求，不断提升教师工作积极性。

（二）政府的引导作用

政府在高校创新创业教育中扮演着政策的制定者、资金的支持者、资源的提供者以及质量的监控者，其角色要求政府在创新创业教育建设初期制定出合理的规划、完善相应的公共政策和法律法规、充分发挥在创新创业教育过程中监督管理的职能。首先，各级政府除了通过专项资金、创业资金、税收减免等方式对高校提供资金支持以外，还需要对创新创业融资渠道的进一步拓宽，利用相关职能，引入社会机构的资金投入，设立创新创业专项教育基金，完善大学生银行个人借贷担保政策。其次，政府在高校创新创业教育各作用主体中要充分发挥统筹协调的作用，利用优惠政策手段，吸引各种社会力量，推动校企合作，促进高校创新创业平台的建设。同时以多种形式加大对政策的宣传力度、加大对创新创业竞赛的宣传力度，目的是将创新创业教育的重要性覆盖全社会，鼓励更多的大学生参与到创新创业教育中，探索建立贯穿整个教育过程中高校和社会力量相结合的协同育人机制。

1. 政府提供政策支持

首先，政府在制定创新创业政策的时候，必须要站在高校开展创新创业教育的角度考虑，将创新创业教育过程中可能面临的问题考虑在内，确保政策能够切合实际，并对制定的创新创业政策做出全面的解读。其次，政府作为市场信息的掌控者和宣传者，利用多种信息渠道，及时向参与创新创业教育的主体颁布创新创业扶持政策。使政府政策、市场信息、高校科研情况进行互相传递，以免出现信息不对称的现象出现，确保高校创新创业教育中各种政策和信息的准确性、时效性。再次，地方政府在落实政策的过程中，应发挥组织协调的作用，在创新创业教育的各作用主体中搭建起桥梁作用，保证政策的顺利实施，解决实际问题。最后，政府部门需要进一步建立健全监督和评价的机制，实时掌握政策落实过程中的真实状况，对于政策落地过程中的问题及时进行总结、修正，保证创新创业政策的执行力。

2. 政府提供财政支持

政府应考虑高校经费来源单一的问题，加大对高校的扶持资金，同时还应规定清楚特定的比例用于开展创新创业教育，经费要有明确完善的支出结构，合理的资金分布，以此提高资金的利用效率。一方面，政府可以利用财政和税收手段解决高校创新创业教育中资金不足的问题，减税降费是推动高校创新创业教育发展的重要手段，主要包括税收优惠政策、税收减免政策、减免项目申请费用等；另一方面政府通过金融扶持方式，主要包括拓宽投融资渠道、专项资金的设置、信用担保体系的健全等，也有利于吸引社会资金的投入支持高校创新创业教育的发展。

3. 营造良好氛围

第一，建立公共服务平台。政府可充分汇集社会各界资源，协力打造各种类型的创新创业平台，使创新创业各个相关的平台能够相互进行交流贯通，为大学生开展创新创业教育及活动提供场地，切实做到将创新创业教育过程中理论与实训相结合，把大学生无限的创造力转化为实际的创新创业行动。

第二，完善公共服务系统。当大学生参与创新创业活动的过程中，会遇到各种各样的困难和问题，需要政府提供相应的咨询与指导，政府应设立相关的服务部门，第一时间为大学生提供咨询和指导服务，及时帮助大学生明确创业方向，以此推动创新创业教育事业的发展进步。

第三，营造良好的社会氛围。政府通过积极组织各类创新创业竞赛活动，激发大学生参与创新创业教育的热情，在一次次的活动当中，增强学生的创新意识和团队协作精神，同时利用官方的宣传平台推广创新创业的相关政策，增强大众对政策的熟知程度。

（三）社会的协助作用

高校创新创业教育具有极强的外部性，主要表现在：第一，大学生在校学习时期，接受学校提供的创新创业教育、参加创新创业比赛、开展创新创业活动，可以获得宝贵的创新创业知识以及创业实践经验。第二，创新创业教育可以提高大学生创业率，解决大学毕业生就业难的问题，对于维护我国社会的稳定和促进市场经济健康持久的发展具有一定积极作用。社会企业在创新创业教育中，可以获得优秀的创新型人才和科研技术的研发成果，应该主动参与其中，提供创新创业教育所需要的实践平台、资金、技术支持。高校可以通过聘请优秀的企业家到校，将其丰富的创业实践经验以讲座或者培训会的形式带给在校大学生，借助市场的力量弥补校内创新创业教育在实践环节的不足，同时高校可以将本校优秀的教师和学生推荐向社会，实现高校与社会资源之间的互补和有效利用。社会服务机构可以为大学生提供创业所需的政策咨询服务、人才培训服务、法律服务工作等，成为大学生创业者开展创业活动的避风港。

（四）学生和家庭的参与作用

开展创新创业教育的目标是为了培养优秀的学生，只有学生明白了创新创业的重要性，并参与其中，勇于付诸实践，才能说我们的教育产生了实质性的效果。

大学生首先要认识到创新创业教育的意义和重要性，转变思维模式，培养敢于创新、敢于尝试的精神。其次，知识能力的储备是更好地开展创新创业活动的基础，大学生要转变学习方式，从过去传统的教师授课学生被动吸收知识的模式转变为主动学习。最后，要合理充分利用身边的资源，多参加各种实践活动和创新创业竞赛，提高动手实践能力，同时加强对创新创业政策和相关法律的熟悉程度，用相关的政策和法律武装自己，为并展创新创业活动的顺利进行保驾护航。

在创新创业教育中，家庭起到了给大学生提供物质上的支持与精神上的支撑作用。大学生积极加入高校创新创业教育中不仅仅是因为自身的兴趣、创新思维和对创业的渴望，创新创业的过程中需要家长的支持、帮助、鼓励与肯定。家长可通过对创新创业的认可以及资金支持给予大学生帮助和鼓励，家长的支持是高校开展创新创业教育的重要影响因素。

高校创新创业教育各主体之间不是一对一的关系，而是多维度交叉关系，彼此之间相互合作、资源共享，共同促进高校创新创业教育的发展。

第三节 高校创新创业人才培养存在的问题及原因

一、高校创新创业人才培养影响因素及困境

（一）影响因素

影响创新创业活动的因素来自社会生活的方方面面，通过对现有的研究创新创业的文献进行梳理总结，可以得出创新创业活动的影响因素主要有三类。

第一，环境因素。环境因素主要包括经济环境，金融环境、政治形势、文化环境等。地区的经济发展状况通过经济环境因素来考量。金融环境主要是考察地区金融资本状况。政治形势则主要对地区政治环境的好坏以及形势恶劣进行评估，只有地区有一个安全的环境，创新创业活跃度才会稳步提高。文化环境主要考察某区域的文化特征，不同地区的主体，因其生活环境不同会导致在价值观上存在差别，进而会影响他们对创新创业的选择。

第二，背景因素。背景因素主要包括社会资本、人力资本、正式制度、非正式制度等。拥有社会资源的多少决定着一个主体社会资本的高低，人际关系网、组织等都属于社会资源。人力资本主要考察个体的学习能力，是个体所拥有的知识与技能。制度主要是由正式制度构成的，法律法规等都属于正式制度，正式制度是由国家法定机构所强制执行的。非正式制度是制度的非正式构成，比如地区之间存在差异的风俗习惯、人与人之间不同的价值观等，这些非正式制度是得到社会成员的认可并且不需要强制执行，仅仅是依靠社会成员自觉遵守的。正式制度与非正式制度相互协调，共同发挥作用维护社会稳定。和平在嵌入理论的基础上，经过研究分析，构建出创业三重嵌入的研究结构，通过这一研究结构他发现文化水平、社会网络以及人力资本因素对创业活动均会产生显著的影响，而且在这些因素的影响之下，我国创业活动的东西差异逐渐加大，出现了"马太效应"。

第三，个性特征因素。个性特征因素主要包括创业主体的性格特征、资源等，它是依托于创业主体的个人能力及其社会关系网来展开研究。创新创业活动能否起步开始发展取决于创业主体是否具有捕捉市场机会的能力，这种能力就体现在创业主体的性格特征之中。创业主体的资源主要指创业主体的社会关系网以及其是否具有能力来获取资源等，相对于资源贫乏的创业主体来说，资源丰富的创业主体展开创新创业活动时会更加容易一些。

（二）高校创新创业人才培养的困境

宏观层面上，首先，由于缺乏明确的创新创业工作文件，高校对创新创业人才培养的理解参差不齐，各高校一般依据自身理解开展工作，创新创业教育工作的结果也参差不齐。其次，虽然大部分高校都响应国家政策开展了相应的创新创业人才培养工作，但是部分高校未能意识到这项工作的重要性，流于表面，难以发挥真正成效。再次，在组织领导机构方面，由于创新创业人才教育工作还处于探索阶段，大部分高校还未建立起有效的组织机构进行统一组织协调，使工作效率大打折扣。

微观层面上，首先，高校创新创业人才培养制度不完善是摆在许多高校面前的难题。完善的管理制度可以有效提高工作效率，但是大部分高校创新创业人才培养工作并没有形成行之有效的管理制度，导致高校创新创业人才培养工作人员无法明确自身的岗位职责，造成了人力资源浪费。其次，缺乏完善的创新创业实践平台体系。创新创业人才的培养离不开实践，良好的创新创业实践平台能够给学生提供良好的发展空间。而这一平台的缺乏则导致创新创业人才难以将理论与实践结合起来，一定程度上降低了创新创业人才培养的效率。

二、高校创新创业人才培养存在的问题

（一）高校创新创业教育理念认知不清晰

创新创业教育贯穿创新创业人才培养的各个环节，高校对创新创业教育理念认识不深入，就难以领会其本质内涵和意义，创新创业教育致力于培养具有创新精神、创业能力、国际视野和社会责任的应用型高素质人才，并非单纯的创新创业，部分高校对于创新创业教育理念的认识还存在一定的欠缺。

在高校创新创业人才培养过程中，部分高校管理者和教师注重专业教育对学生的发展，对于创新创业教育这个"新兴者"没有过于重视，只是将创新创业教育作为总体人才培养中的一小部分，对于国家和省级出台的政策宣传和落实不到

位。大多数学生对国家或者省级出台的创新创业相关政策的了解浅显，程度不深，没能真正解读到创新创业教育的理念和新发展。同时高校管理者和教师对创新创业教育还是停留在单纯的就业指导和创业培训，将目光放在课堂和虚拟的实践操作中，较少接触到实战演练、与企业对接项目且孵化项目成果，未能在大学生内在的创新意识萌发、生长时及时做好正确的引导，忽略了学生创新创业创造能力方面的提高，学生在虚拟的环境中无法真正感知到创业风险和社会复杂的环境，更难以应对数字经济带来的巨大挑战。

由于创新创业教育在我国发展的历史还不长，部分高校和学生未给予充分明确的认知，对其内涵的理解也不是很清楚，没有与时俱进跟上时代步伐。一些高校的教育教学活动仅限于理论知识的传授，忽视对创新创业素质的培养，或者实践活动流于形式或只针对部分精英学生，没有真正达到全面提升全体学生创新创业能力素质拓展的终极目标；有些人没有认识到创新创业教育的内涵和意义，误以为就是教学生开"公司"，或者是"颠覆传统"，曲解了对创新创业人才培养的定位；更不可取的是甚至有些人认为创新创业教育的开展需求意义不大，是学生毕业以后的事，是就业问题下下之策，只是极少数人的事；社会对创新创业教育认同度不够，不轻易冒险，害怕失败，对有创新创业想法的毕业生不够理解和宽容，不易得到家庭和社会的支持。

另外，创新创业教育在我国起步晚，仅仅十几年的历史，还处于探索、摸索和起步阶段，现阶段并没有被社会和高校完全认同和接受；人们对创新创业教育的必要性、重要性和紧迫性的理性认识尚未形成。对于一个以公有制为主体的国家而言，作为创业初期形式的个体中小企业蓬勃发展还有很长的路要走；加之中国长期以来"学而优则仕"的观念深入人心，稳定仍是大多数大学生和家长追求的目标，整个社会的创新创业意识淡漠，氛围不浓厚；现阶段高校的创新创业教育更多的价值取向还是解决目前的大学生就业困难，并没有把它当作是一种长期的培养优秀人才的行为，导致创新创业教育内涵和价值的缺失；有的高校仅仅把创新创业教育等同于创业计划大赛等简单的形式，过分注重了比赛成绩的追求，是功利性的创新创业教育理念；还有的人认为创新创业教育旨在培养经理人而非具有事业心和开拓精神的创业者，导致创业活动停留在了利润与财富创造的功利性层面上，并没有上升到开创事业的理性层面上。

总的来讲，现阶段我国的创新创业教育理念没有深入人心，创业教育作为大学生应有的"第三本教育证书"的理念还没有被多数学生、教师、学校管理部门所接受。

（二）大学生缺乏创新创业意识

在创新创业人才培养过程中，教育成效显著，同时越来越重视创新创业的发展和实施，但各高校在具体开展过程中依然存在大学生创新创业意识淡薄的问题。

学生自身没有意识到创新创业教育的重要性，理念的认识上也出现偏差，更多地认为创新创业教育可以作为以后的评优、考研、应聘工作时的加分项，让自己的简历更丰富并具有含金量，过于功利，毕业之后仅有少数人能够做到真正意义上的创新创业，单纯的就业创业对个人的素质提升和职业发展还是具有一定的局限性。很多大学生对创新创业的关注和学习只是为满足专业和学分需求，重视程度不够，对学校全面推进创新创业教育也造成一定阻碍。

一方面，大学生没能正确理解和认识创新创业教育理念。创新创业教育是培养创新型、应用型的高素质人才，注重其中意识的培养和能力的提高。而大学生在对创新创业教育理念和内涵的理解上过于"窄化"，对创新创业简单理解为开创公司、事业、赚钱的工作，这与创新创业的核心理念和内涵不符，影响之后创新创业教育的开展；在对创新创业的看法上，大多数学生表示支持创新创业，但是也有学生认为自身缺乏社会实践经验，创业的风险过大，还有学生持反对态度，也有学生不关注，被问及创新创业教育的好处时，大学生更多地认为可以作为评优、保研的加分项，为之后就业做准备，其次才是可以锻炼和提高自身能力，为创业奠定基础。可见，很多大学生对创新创业教育的理解较为"窄化"，不仅对学生自身能力的提高形成阻碍，同时也不利于高校创新创业教育的发展。另一方面，大学生参与程度和创新创业动力不足。大学生参与和自主创业的积极性较弱，参与程度和创新创业动力不足，创新创业意识淡薄。

（三）创新创业教育课程单一

创新创业课程是学生接收创新创业知识的第一途径，然后内化为创业意识和创业能力。高校面向全体学生开设创新创业通识课程，设置了必修课和选修课，但是针对性不强，面对不同层次的学生群体还未做到分层教育和分类设置，导致创新创业课程对于学生来说是"泛泛而过"，开设的课程不能满足学生对创新创业教育的需求，学生实质性的创新创业能力提高成效较差。

在学科知识大融合背景下，单一学科的发展都是与其他学科具有紧密联系，是建立在其他学科基础上的发展，紧跟社会发展大趋势。高校在创新创业人才培养过程中，创新创业教育与专业教育严重脱节，部分高校在设置创新创业课程时仅是单纯的开设双创通识课，没有将学院特色和专业知识融入创新创业课程中，访谈中教师也表示平常的授课过程中常常忽略与专业课程的联系，将眼光重点放在了单纯的创新创业教育上，未能认识到专业教育和创新创业教育相互促进的重要性，难以较好地应对新时代、新经济、新业态带来的机遇与挑战。

创新创业人才需要具备很强的综合理论知识和技能，培养大学生的创新创业思维，这样才能适应不断变化的社会形势，有效解决发展难题，而高校学生所学知识仅局限于书本，知识结构单一，心理、思维、人际交往能力等各方面的准备不足，不能很好地运用所学知识解决现实需求问题。高校创新创业教学基础不够坚实，人才培养是一个从小到大的长期发展的过程。

创新创业教育课程单一具体表现为课程内容单一、呈现形式单一、评价标准单一。从开设的创新创业课程总体来看，必修课、选修课、在线课程相结合，课程资源丰富，但是还存在课程单一的问题，具体分为以下三个方面：

1. 课程内容单一

创新创业教育是面向全体学生培养应用型的高素质人才，课程内容要满足多数学生的知识需要。课程内容多是创新创业理论、创业基础知识、创新意识培养等方面，内容单一固化，与专业知识相脱节，对于部分内容丰富的选修课来说，因暂未纳入必修课范围内，学生没有足够的兴趣也不会主动学习。同时高校作为大量应用型人才培养的重要场所，课程量少且课程内容更为单一，不能很好地满足学生多元化的教育需求。

我国高校一般以选修课的性质设立创新创业类课程，大多以松散的公选课、系列讲座、网上自学的形式开设，有些学校甚至将创新创业教育课程归属到社会实践环节或第二课堂。创新创业课程选取的教材比较随意，缺乏适合我国现状的优质本土教材，授课内容也都是简单的就业引导或对创业竞赛的指导，没能对创新创业全过程进行有规划性、针对性的教育指导，教材内容的系统性较差，严谨性有待提高。

我国现有的高校人才培养方案中，很少提及创新创业教育专项，学校对创新创业教育缺乏足够的重视，创新创业类课程没能纳入学分管理，学生对创新创业知识的兴致一般。

2. 呈现形式单一

长期以来，受传统教学模式影响，高校创新创业课堂沿用常规教学思维和学习方法，主要以理论讲授的形式呈现，以老师为焦点，被动式的接受学习。在学生所接触到的创新创业课程中，老师主要运用的教学方法分别为理论讲授、观看视频、小组讨论、案例分析、社会实践及其他，理论讲授、观看视频以及小组讨论是创新创业课堂最常见的呈现形式，案例分析和社会实践运用较少，课程的呈现形式单一，不利于深入挖掘课程，学生对创新创业知识的接受程度较低。

创新创业型人才培养任务的完成，受高校教师自身能力素质限制，双创教育不能与时俱进，授课形式单一、教学模式死板、教学方法枯燥，大多数以口述形式授课，缺乏与学生的交流互动，难以调动学生的学习兴趣，学生的视野得不到拓展，距训练创新思维和唤醒创业意识还有很大一段距离，久而久之，学生渐渐失去了创新创业的源动力。

3. 评价标准单一

对于创新创业课程的有效评价是促进创新创业教育发展的重要保障。通过对教师访谈得知，受长期以来的教育观念的影响，当前课程好坏的评价仅是以学生打分来进行评价，即学生在上完一学期的课程后，在期末学校会让每位同学为课程和教师打分，主观性太强，学生对课程的评价标准也是以学生的成绩作为主要依据，评价标准单一，不利于创新创业课程改进与实施。

（四）创新创业教育师资力量薄弱

教师是创新创业人才培养的主导力量，在创新创业教育中起着重大作用。从高校创新创业师资队伍构成情况来看，创新创业教师数量呈现出总量不足的状态，在教育开展过程中供不应求，尤其是专职教师的短缺，校外兼职教师数量也较少，主要以校内兼职教师为主，师资力量薄弱。学校创新创业课程授课教师大多来源于行政人员和辅导员，或由专业课教师代授，大多都是非科班出身，自身具有的知识与创新创业教育的关联甚少，部分教师没有接受过任何系统培训就教授创新创业课程，后期也未能及时接受系统培训，目前的师资情况基本满足需要，教学效果一般。其次，从企业、外校等机构聘请的兼职教师，因其工作的时间安排，并不能有过多的时间留在高校里教授理论知识和进行课外实践，如果仅仅是采取不定期开讲座这种浮于表面的形式，那么创新创业教育的成效就大打折扣，学生能力也得不到实质性提高。

创新创业教育要求教师具备扎实的相关理论知识，还要有丰富的实践操作能力和经验。创新创业教师自身的创新创业能力需要进一步提高，教学经验少，创新创业师资队伍建设不足，同时访谈中多数老师认为创新创业教师应该提高自身再学习意识和创新创业能力，才能更好地教授学生，充实师资力量。

创新创业师资队伍建设注重教师具备丰富的理论知识的同时，还需要拥有充足的创新创业实践经历和经验，理论和实践相结合才能更好地教授学生，提供满足高校创新创业人才培养所需的"双师型"教师尤为重要。但是目前省内高校创新创业师资力量薄弱，其对于教师的培训管理体系不健全。

一方面，高校按照创新创业人才培养的要求，重视对教师创新创业相关理论知识和实践培训，但是大多没有明确规定对于创新创业教师的培训管理制度，仅仅是偶尔培训一两次远远不够，未能对现有的创新创业授课教师进行系统培训，访谈中教师提到培训也仅仅是对理论知识的加强，实践锻炼方面依旧欠缺，选派教师去企业挂职锻炼的机会较少，如有机会挂职锻炼，其申请的程序和手续繁杂，教师的积极性不高，加重了教师的教学和工作负担。

另一方面，省内高校创新创业对教师的管理缺乏激励措施，高校对于引进优秀创新创业教师或创业成功企业家的激励较少，难以吸引到优秀人才，导致师资力量薄弱；对于现有的教师，学校的激励措施较少。长此以往，教师的期望值得不到有效提高，影响教师教学工作的积极性，教师对于自身能力提高和再学习的意识降低，教师队伍的整体质量堪忧。

（五）创新创业实践活动参与度较低

受传统教育的思维影响，高校在创新创业人才培养过程中，普遍注重理论知识的传授，且理论在实践训练中检验效果较差，学生对于创新创业相关实践活动的参与度较低。各个高校大力推进创新创业实践基地建设，设置了校内外创新创业基地，但在教育教学过程中学生没去过校内外创新创业实践基地进行实训，只有少部分同学能够进行实践训练，学生未能及时将理论知识应用于实践中，与实践距离较远，难以对创新创业教育形成正确的认识和理解，整体参与度较低。

由于创新创业教育本身的创新性、创造性、实践性，从事创新创业教育的老师既要有雄厚的理论知识又要有丰富的社会阅历，以此来满足多学科交叉教学的要求。而目前高校的创新创业教育教学工作一般由辅导员、实验员等教师担任，他们虽有一定的创新创业知识，但缺乏创新创业的实战经验，导致创新创业人才培养实践环节薄弱。

我国高校的创新创业教育一般以学院为单位开展，无论是理论课还是实践课都仅限于本专业领域，学生学到的专业技能单一，知识面受限，导致许多创新创业活动都流于形式。有的学校虽然设立了创新创业学院，但缺乏专人管理，政策机制保障不完善，人财物支撑上都存在一定不足，无法给学生提供一个良好的学习环境。

此外，就各大创新创业赛事，有的学生没有参加过学校创新创业类竞赛，还有的学生不清楚有此类活动，直接参与各类型的创新创业大赛实践的学生人数还是较少，没有在实践中充分地将理论知识应用，理论与实践分离，还未做到面向全体学生开展创新创业教育实践，学生实践活动参与度较低。

大多数学生希望创新创业教育教学能够依托于实践，重视大量实践资源的供给，但是部分高校在创新创业人才培养过程中，没有做到真正的创新创业教育，实践环节较为薄弱。一方面，高校设立的创新创业基地、创业园等场所更多的是面向少数有项目的学生群体开放，对少数学生进行相关指导和创业孵化，平常大多学生仅接受理论知识的学习，始终停留在浅层次创新创业教育，流于形式，没有进行具体的实操，实践环节薄弱，导致学生参与程度较低。另一方面，高校实践基地的建设不完善，在人才培养过程中实践训练自然受影响，学生参与的程度也随之降低。访谈中教师表示要重视对学生的实践训练，目前学校内的实践基地和平台满足不了逐渐扩大的学生总量和不同学生群体的需求，省内各高校校外基地建设也较少，校外实践环节薄弱，就缺少了与企业对接实训的机会，更多的社会资源和平台无法利用，学生实践活动的缺失对人才培养的质量也造成了一定的影响。

（六）高校创新创业教育管理不规范

目前我国大部分高校还没有建立起完善的管理制度和良好的运行机制，在对学生管理、教师管理、教育体系管理等方面还有很大的提高空间。需要改善学生的功利思想、教条主义，缺少灵活性和及时沟通能力差等问题。在教师管理上，用死板的体制束缚了教师的教学方法拓展，思维受到一定的固化和限制。在教师评价体系上，过度看中教师的科学研究成果，从而无法充分调动教师教学的积极性，使科研与教学无法充分的融合，使得人才培养无法得到全面的发展。我国的创新教育政策条例的制定主要由就业部门制定，高校还没有形成一套自上而下完整的创业管理模式，使得教学管理就业三个方向能够合理地融合，进而推动创新创业思维的建立。

学生不太了解学校创新创业工作由哪个部门管理，多数学生对学校创新创业教育管理机构了解不深，体现了创新创业教育管理不规范的问题，学校创新创业相关工作由教务处、学生处、招就处等部门兼管，多部门协作管理，同时在与教师的访谈中获悉，一般创新创业总设计和课程安排等工作由教务处管理，创新创业相关赛事由校团委、学生处等部门协同管理，部分院校设置的创新创业学院暂未实体化，创新创业工作依旧是由其他部门协同管理，多头管理的情况导致管理秩序性较差，在遇到创新创业相关问题时，具体职责不明晰，学生和老师在寻求管理部门帮助时多有障碍，不利于创新创业教育的开展，影响人才培养质量。

（七）创新创业教育管理体制不完备

高效创新创业教育管理是双创人才培养的重要保障，管理部门的有效运行十分关键。目前部分高校创新创业教育管理不规范，究其根本原因，源于院校未推进创新创业学院实体化或设立专门的创新创业管理机构，未回收管理权力，创新创业管理体制不完备。

首先，在对创新创业的机构安排上，大多不以实体化的形式来运转，没有进行实际招生，和高校独立的二级学院具有本质性的差别，院校设置创新创业学院，较少能独立运行，缺少专门的领导班子和管理人员，而由其他部门兼管创新创业工作会造成部门任务量大，兼顾不过来，影响了创新创业教育的开展。

其次，在管理机构的职权分配上，多部门协同管理创新创业教育工作情况下，通常在工作过程中会出现管理机构众多，职能分配不均、互相推诿，工作人员职责混乱，对开展创新创业工作造成一定的阻碍，同时使得规章条例在实施过程中出现困难，规章条例形同虚设，对创新创业人才培养的日常管理起不到良好的规范作用。

最后，在与各部门间的相互协调上，省内高校没有充分发挥好协作力量，教师提到创新创业管理目前还存在一定问题，如创新创业管理部门与教务处的协调上，对于创新创业人才培养方案的制订、促进专创融合等方面做的仍不到位，与招就处等部门联合开展校企合作、寻找外部力量扶持等环节欠妥，各个部门在相互协调合作方面还存在一定的问题。

（八）政府作用薄弱

政府推进高校创新创业教育的出发点是缓解高校就业压力，促进科技进步和产业转型，没有完全理解创新创业教育真正价值，也没有真正领悟到创新创业教育对于促进高校学生全面发展的重要性。因此，政府制定颁布的创新创业政策存在一定的功利性，对于地方创新创业精神、创新创业文化、创新创业氛围的加强和改善造成了误导。最终使得高校在开展创新创业教育时，仅停留在对学生的基础教学工作、日常学习指导等方面，将创新创业教育简单的归为学生就业工作的一部分。政府在开展工作时要充分理解创新创业教育的内涵和意义，认识到高校开展创新创业教育是其转型发展的有效方式和途径，是保障高校生存空间和实现长期稳定可持续的发展。

与高校创新创业教育密切相关的政府职能部门主要有教育厅、科技厅、人社厅等，对高校创新创业政策的研究制定和监督实施，没有设立专门的创新创业指导部门，既无法对高校创新创业教育进行指导，也无法对各职能部门之间的关系进行统筹安排。

政府相关政策缺乏整体性、操作性和权威性。一是创新创业政策政出多门，缺少系统整体性。扶持政策的内容比较零散，政策的制定部门涉及较多，相关的职能部门协调不够，并没有形成一套完整的政策体系，发文容易落实难，大学生在申报项目的时候需要面对不同的部门、提交不同的材料、经过不同的流程，导致申报程序比较复杂。二是相关政策缺乏操作性。政府出台的创新创业政策，大都只是对基本的原则做了规定以及只是简单明确了活动的开展方向，没有包含可以具体实施的细则，导致实际运用政策时相关工作人员对政策的理解产生偏差。三是目前的政策缺乏权威性。目前，政府出台的创新创业政策，大多数内容在形式上是以"通知"和"意见"出现，从法律角度上，实际并不具备一定的法律效力，使得后续政策执行过程中，遇到问题却找不到相对应的政策去解决。

政府在促进高校开展创新创业教育方面出台了许多支持政策，但政府颁布创新创业政策的主要方式是通过政府官方网站、以下发通知、文件和召开会议讲解的形式在相关职能部门进行传播，忽视了当下大学生常用的微博、微信等网络平台。

政府每年对高校投入的专项扶持资金从高校的数量和实际发展过程中的需求而言，实际投入到各高校的资金量并不大，最终的扶持效果变得非常微弱。由于资金的短缺，高校在教学设备、实验平台、实习基地等方面难以投入大量的资金，学生在校的配套设施跟不上，开展创新创业活动的经费有限，创新创业实践活动水平无法得到有效的提高。

政府鼓励社会资本参与到高校的建设中，采取多种方式拓宽高校融资渠道，缓解高校资金压力。但在这些文件当中对社会资本投入高校仅仅停留在"鼓励"和"吸引"上，没有出台相应的政策和配套细则，对社会资本注入高校的吸引力非常小，没有真正地发挥促进作用，高校资金匮乏的问题没有得到真正的解决，使高校的软硬件设施水平不达标。

由于高校毕业生进行创业活动时，存在一定的风险性，银行在为高校毕业生提供创业贷款的前提是要保证银行资金的安全，需要其提供贷款担保人，然而大学生在刚毕业的时候，社会人脉较为简单，很难找到资金担保人，这就意味着这项政策在实施过程中存在很大的弊端。虽然创业行为出自大学生的个人意愿，理应自己承担其中的风险，然而高校毕业生的企业创办成功，将会提供新的就业岗位，为国家和社会缓解就业压力，政府在大学生创业活动中属于受益的一方，有责任为毕业生创业者分担一份风险，应建立风险共担机制。但截至目前，我国毕业生开展创业活动仍处于摸索期，存在一定的风险性，政府基于保障国家财政资金安全的责任，没有肩负起为毕业生承担风险的职责。

政府要在高校创新创业教育中更好地发挥作用，就要求政府必须转变职能方式，从管理者的角色转变为高校创新创业教育的服务者。但实际上，政府在创新创业政策的制定和实施过程中，仍然未能把服务这一理念落实到其中。政府职能部门的工作人员，习惯以管理者角色自居，以居高临下的姿态干预高校创新创业教育，在政策的执行过程中，仍然存在着执行方式复杂、执行手续繁多，相关职能部门的工作人员存在服务意识不强、服务能力不足等问题，政策执行的过程形式化严重，这些影响因素形成了非常大的现实阻力，与政府服务于创新创业教育的宗旨相背离。

政府对于政策出台后执行人员是否将政策进行了有效落实、具体的执行情况到底如何以及执行过程当中还存在什么问题，没有一个监管部门能够进行统一监督，也未能够实施有效的分类考核评估和反馈机制。学生在申请相关政策中遇到的困难，部门之间的相互推诿得不到实际有效的处理，政策的执行效果不力，使创新创业的政策成为摆设，到最后，严重影响到了高校创新创业教育的推进。

良好的创业环境是由政府鼓励创业，社会组织服务创业，学生家长支持创业共同营造的。但从目前的情况来看，虽然从国家到地方，各级政府都出台了一系列的优惠政策，但是却没有为大学生创业者出台相应的失业保险、医疗保险、退休保障等，有些大学生因为担心创业失败后带来的一系列后果而不敢开始创业，家长也因为创业带来的不稳定性而采取反对的行动。政府对创新创业的相关宣传更多的是面向高校大学生，却很少向学生家长及社会公众进行宣传。

我国大众一直以来都受到"学而优则仕"思想的影响，大多数的家庭认为孩子毕业后能够找到一份稳定的工作才是最好的出路，创业作为一项具有"风险性"的工作，大学生和家长都很少会将创业作为最理想的就业方向来选择。高校开展创新创业教育需要全社会的帮助和支持，学生家人对大学生毕业之后选择创业的看法和支持力度、社会公众的舆论导向都会影响到大学生开展创业活动的决心。

第四章　高校创新创业人才培养模式构建

为加快建设创新型国家的进程，缓解大学生日益严峻的就业压力，高校应积极开展创新创业教育，构建多元化的创新创业人才培养模式。本章分为高校创新创业人才培养的目标、国内高校创新创业人才培养的基本模式、高校创新创业人才培养模式构建的内容、高校创新创业人才培养的激励机制分析四部分，主要内容包括：高校创新创业人才培养的总体目标、高校创新创业人才培养的基本模式、高校创新创业人才培养模式的教育体系以及高校创新创业人才培养的激励机制的建立等方面。

第一节　高校创新创业人才培养的目标

一、创新创业人才培养的总体目标

（一）激发学生创业意识

教育本质上是一种培养人的社会活动，而人的培养过程不仅需要有高水平的教师，良好的教学环境，更需要学生个体的积极参与。创业人才的发展是他人不可替代的，发展的主动权应该掌握在学生手里。创业人才培养着重于引导学生树立主体意识，摆脱依赖性、被动性、模仿性和简单适应性，形成自主性、主动性、创造性和独立思考问题、敢于挑战权威的优良品质。创业人才培养高度重视开发学生的自我发展，开拓进取的主体意识，注重把学生培养成具有鲜活个性，充满活力，不墨守成规、敢作敢为、具有发展潜力的创业型人才。

（二）丰富相关创业知识

对于学生创业来说，第一，大学生掌握的专业知识要扎实深厚，非专业知识要广博，这是创业的基础，也是学生创业的优势及特点。第二，相关的商业知识、

73

企业管理知识、法律法规知识也是大学生不可缺少的。学生创业最大的问题之一就是知识的限制，大学生所学知识大部分仅限于校园里、课堂上，创业的相关知识较为匮乏。根据这一现实问题，设计了模块化的课程模式来提供相关知识。这一模式从创业的流程出发，从识别创业机会、撰写商业计划书到创业培训、团队组建与管理，到最终孵化企业、发展企业，从市场分析、市场营销、战略管理、财务到法律支持、政策支持、风险管理，提供每个环节涉及的、所需要的相关创业知识。

（三）培养学生创业能力

具有创业思想的人，在思维特点上须表现出不被陈规陋习束缚，能随机应变，充分发挥创造性，对变化着的外部条件能很快适应，能摆脱思维惯性，有改变工作趋势的能力或特质。更重要的是，他们应能从习以为常的现象中发现那些不属于已有知识和观念范围的东西。开展创业思想教育，关键一点就是要引导创业人才敢于打破常规，超越现实或传统的思想束缚，培养创业人才具有创新与超越意识。对于大学生而言，既要鼓励他们岗位创业，也要支持他们敢于自主创业，学会自我发展，培养他们具有创业的胆量、勇气和开拓的精神。

创业能力包括组织决策能力、与人沟通合作的能力、自我管理能力、社交能力，甚至是语言表达等各方面的能力。具备创业能力并不能决定创业一定成功，但是创业能力的强弱从根本上影响着创业成功与否的概率和企业的长足发展。课堂教学与实习实践都是提高创业能力的良好途径。各试点高校通过第一教学课堂与丰富多彩的第二课外课堂活动，创造条件提供各种实习或实践的机会。

（四）提高创业成功率

创业存在相当的市场风险。我国有约40%的企业在创建1年之内就倒闭，生存期达5年的也仅有20%左右。据估计，目前我国大学生创业公司可能的失败率高于90%。开始创业的初期学生都很乐观，但是绝大多数人并没有成为那不到10%的成功者。创业教育就是尽量提供创业中所需知识、所需技能，以尽可能达到降低创业风险并提高创业成功率的目的。

二、高校创新创业人才培养的任务目标

（一）完善人才培养质量标准

制定实施本科专业类教学质量国家标准，明确高职高专生、本科生、研究生创新创业教育目标要求，使创新精神、创业意识和创新创业能力成为评价人才培

养质量的重要指标。相关部门、科研院所、行业企业要制定（修订）专业人才评价标准，细化创新创业素质能力要求。不同层次、类型、区域高校要结合办学定位、服务面向和创新创业教育目标要求，制定专业教学质量标准，修订人才培养方案。

（二）创新人才培养机制

实施高校毕业生就业和重点产业人才供需年度报告制度，完善学科专业预警、退出管理办法，探索建立需求导向的学科专业结构和创业就业导向的人才培养类型结构调整新机制，促进人才培养与经济社会发展、创业就业需求紧密对接。深入实施系列"卓越计划"、科教结合协同育人行动计划等，多形式举办创新创业教育实验班，探索建立校校、校企、校地、校所及国际合作的协同育人新机制，积极吸引社会资源和国外优质教育资源投入创新创业人才培养。高校要打通一级学科或专业类下相近学科专业的基础课程，开设跨学科专业的交叉课程，探索建立跨院系、跨学科、跨专业交叉培养创新创业人才的新机制，促进人才培养由学科专业单一型向多学科融合型转变。

（三）健全创新创业教育课程体系

各高校要根据人才培养定位和创新创业教育目标要求，促进专业教育与创新创业教育有机融合，调整专业课程设置，挖掘和充实各类专业课程的创新创业教育资源，在传授专业知识过程中加强创新创业教育。面向全体学生开发开设研究方法、学科前沿、创业基础、就业创业指导等方面的必修课和选修课，纳入学分管理，建设依次递进、有机衔接、科学合理的创新创业教育专门课程群。各地区、各高校要加快创新创业教育优质课程信息化建设，推出一批资源共享的慕课、视频公开课等在线开放课程。建立在线开放课程学习认证和学分认定制度。组织学科带头人、行业企业优秀人才，联合编写具有科学性、先进性、适用性的创新创业教育重点教材。

（四）改革教学方法和考核方式

各高校要广泛开展启发式、讨论式、参与式教学，扩大小班化教学覆盖面，推动教师把国际前沿学术发展、最新研究成果和实践经验融入课堂教学，注重培养学生的批判性和创造性思维，激发创新创业灵感。运用大数据技术，掌握不同学生学习需求和规律，为学生自主学习提供更加丰富多样的教育资源。改革考试考核内容和方式，注重考查学生运用知识分析、解决问题的能力，探索非标准答案考试，破除"高分低能"积弊。

（五）强化创新创业实践

各高校要加强专业实验室、虚拟仿真实验室、创业实验室和训练中心建设，促进实验教学平台共享。各地区、各高校科技创新资源原则上向全体在校学生开放，开放情况纳入各类研究基地、重点实验室、科技园评估标准。鼓励各地区、各高校充分利用各种资源建设大学科技园、大学生创业园、创业孵化基地和小微企业创业基地，作为创新创业教育实践平台，建好一批大学生校外实践教育基地、创业示范基地、科技创业实习基地和职业院校实训基地。完善国家、地方、高校三级创新创业实训教学体系，深入实施大学生创新创业训练计划，扩大覆盖面，促进项目落地转化。举办全国大学生创新创业大赛，办好全国职业院校技能大赛，支持举办各类科技创新、创意设计、创业计划等专题竞赛。支持高校学生成立创新创业协会、创业俱乐部等社团，举办创新创业讲座论坛，开展创新创业实践。

（六）改革教学和学籍管理制度

各高校要设置合理的创新创业学分，建立创新创业学分积累与转换制度，探索将学生开展创新实验、发表论文、获得专利和自主创业等情况折算为学分，将学生参与课题研究、项目实验等活动认定为课堂学习。为有意愿有潜质的学生制订创新创业能力培养计划，建立创新创业档案和成绩单，客观记录并量化评价学生开展创新创业活动情况。优先支持参与创新创业的学生转入相关专业学习。实施弹性学制，放宽学生修业年限，允许调整学业进程、保留学籍休学创新创业。设立创新创业奖学金，并在现有相关评优评先项目中拿出一定比例用于表彰优秀创新创业的学生。

（七）改进学生创业指导服务

各地区、各高校要建立健全学生创业指导服务专门机构，做到"机构、人员、场地、经费"四到位，对自主创业学生实行持续帮扶、全程指导、一站式服务。健全持续化信息服务制度，完善全国大学生创业服务网功能，建立地方、高校两级信息服务平台，为学生实时提供国家政策、市场动向等信息，并做好创业项目对接、知识产权交易等服务。各地区、各有关部门要积极落实高校学生创业培训政策，研发适合学生特点的创业培训课程，建设网络培训平台。鼓励高校自主编制专项培训计划，或与有条件的教育培训机构、行业协会、群团组织、企业联合开发创业培训项目。各地区和具备条件的行业协会要针对区域需求、行业发展，发布创业项目指南，引导高校学生识别创业机会、捕捉创业商机。

（八）加强教师创新创业教育教学能力建设

各地区、各高校要明确全体教师创新创业教育责任，完善专业技术职务评聘和绩效考核标准，加强创新创业教育的考核评价。配齐配强创新创业教育与创业就业指导专职教师队伍，并建立定期考核、淘汰制度。聘请知名科学家、创业成功者、企业家、风险投资人等各行各业优秀人才，担任专业课、创新创业课授课或指导教师，并制定兼职教师管理规范，形成全国万名优秀创新创业导师人才库。将提高高校教师创新创业教育的意识和能力作为岗前培训、课程轮训、骨干研修的重要内容，建立相关专业教师、创新创业教育专职教师到行业企业挂职锻炼制度。加快完善高校科技成果处置和收益分配机制，支持教师以对外转让、合作转化、作价入股、自主创业等形式将科技成果产业化，并鼓励带领学生创新创业。

（九）完善创新创业资金支持和政策保障体系

各地区、有关部门要整合发展财政和社会资金，支持高校学生创新创业活动。各高校要优化经费支出结构，多渠道统筹安排资金，支持创新创业教育教学，资助学生创新创业项目。部委属高校应按规定使用中央高校基本科研业务费，积极支持品学兼优且具有较强科研潜质的在校学生开展创新科研工作。中国教育发展基金会设立大学生创新创业教育奖励基金，用于奖励对创新创业教育做出贡献的单位。鼓励社会组织、公益团体、企事业单位和个人设立大学生创业风险基金，以多种形式向自主创业大学生提供资金支持，提高扶持资金使用效益。深入实施新一轮大学生创业引领计划，落实各项扶持政策和服务措施，重点支持大学生到新兴产业创业。有关部门要加快制定有利于互联网创业的扶持政策。

第二节　国内高校创新创业人才培养的基本模式

一、理念先导模式

该模式侧重于将创新创业教育融入素质教育和人才培养的全过程，用创新创业教育理论指导课程教学、实践训练、社会实习等。李家华教授首先提出将创新创业教育的理念融入人才培养体系的全过程，并阐述了面临的主要障碍和实施路径；陈炜、王子华等提出了将 CDIO 工程教育模式运用到大学生创新创业教育的教学和实践；张伟构建了基于 SIYB 理念的高校创业教育模式；周宇飞提出了基于多维理念的大学生创新创业教育模式，即从深化理论教育、注重学生组织、强化市场调研等方面创新创业教育模式。

二、课程主导模式

这种融合模式主要以课程为主导展开来提高学生的整体能力和素质。学校强调创业教育重在培养学生创业意识，完善学生综合素质，因此十分重视课上和课下、第一课堂和第二课堂的结合，而随着高校对创新创业教育的逐渐推进，这种结合更突出表现为创新创业教育和专业教育的结合，体现在教学的结合、实践的结合、大赛练习的结合等。为此，学校通常不仅调整了教学目标和教学方案，修改了选修课的比例，增加了实践环节的课时，而且在专业课前期或同期增设了"企业家精神""风险投资""创业管理"等创新创业教育系列课程。在专业课教学过程中，更强调教学方法的改进、考试方法的改进，更加鼓励开发学生的创新思维，鼓励学生积极参与改革、课堂建设和课下反馈，鼓励学生更积极地参与各种社会实践活动，从而有效联系课上课下、内化知识深入理解、强化知识与实践的转化。

三、教学创新模式

该模式强调创业教育的课堂教学，主张将第一课堂和第二课堂相结合，将素质教育与创业教育相结合，培养学生的创业意识和创新精神，构建学生创业所需的知识架构，提升学生的综合素质。徐晋提出大学生创业教育的IPP（S）教学模式，在创业教育理论知识基础上，将创业教育教学过程分为构思创意、确定项目、创业计划或战略实施三个阶段；王本贤研究了主体参与教学模式在高校创业教育课程中的具体应用；张奇阐述了素质拓展体验式教学在创业教育中的可行性以及如何有机运用；王敏提出了基于电子商务实战教学平台的大学生创业教育模式。

四、实践主导模式

创业教育必须与创业实践相结合，高校的创新创业教育师资是一个大问题，而很多中小企业的创始人在一步一步创建企业，扩大企业经营规模的过程中积累了十分丰富的创业经验和实战体会。所以高校要将企业导师引入课堂，与专业课教师相结合，对专业教育是有效的互补。这种模式主要是通过校企合作来提高学生的创新能力和素质。通过校企合作，为学生提供到企业实习、调研、参观的机会，实现学生在校所学与企业实践的有机结合。

五、项目主导模式

这种模式是以提高学生的创新能力、创业技能，促进专业知识的运用为侧重点的创业教育模式。学校充分发挥自身的优势和特点，以任务引领法和行动导向法贯穿课堂，从而将教学和实践，创新创业教育和专业教育结合起来。不少学生在本科阶段就参与了教师的项目，完成其中的某一个重要环节，而这个环节需要运用到本专业的大量专业知识，学生正是在参与项目的过程中加深了对专业知识的理解，进而又加强了实践能力的提升。教师在课堂上能经常结合自身项目以任务的方式发布给各学生小组，以详细的任务完成说明指导学生实践，驱动学生主动学习，自己发掘知识链、创新性地完成各种任务。课下学校进一步延伸实践平台，建立大学生创业园、创业中心，教授学生如何转化任务、孵化创业，并为学生创业提供资金资助及咨询服务。专门的创业教育机构、科技园区、科技成果转化平台等搭建学生创业平台。马海超、刘亮亮提出以大学科技产业园创业教育模式开展创业教育、实践训练和项目孵化；张衍学、尹邦满提出了以学校专职创业教育机构—创业学院为平台的创业教育模式；孙华平借鉴蒂蒙斯的创业过程模型，提出了基于金字塔式实训平台的创业教育模式；李占平等提出了基于信息技术和互联网的云平台的高校大学生创业教育新模式，提出借助云机制的公共基础服务平台，聚合多类碎末需求，提供交易服务、政策服务、融资服务，有效形成产业链条，实现互联共赢。

六、与就业指导相结合的附属模式

就业是大学生面临的必然选择，高等教育的一个重要功能是实现所培养的学生顺利就业，加之当前就业形势趋紧，所以高校已经非常重视提高学生的就业能力。结合学生就业指导服务工作的实际，附带开展一部分创新创业教育活动，是大多数高校开展创新创业教育的主要选择。从某种意义上来看，大学生的就业指导与创业教育具有天然的联系，创业可以看作主动就业的一种形式，把就业者培养成创业者，不但解决了学生的就业问题，还能依托创业活动创造出更多的就业岗位，实现以创业带动就业的策略目标。这种在学生就业指导工作中附带创新创业教育的开展模式，它是强调创业对就业的作用和地位，是就业指导工作的一部分。比如，目前多数高校是在就业指导的课程体系中，加入 1 ~ 2 个创新创业教育内容的模块；在大学生就业政策与服务体系中，增加支持大学生创新创业的相应内容。

七、与专业教育相融合的渗透模式

专业教育是高校素质教育和人才培养的重中之重。目前，部分高校已将创新创业教育作为教育教学和人才培养体系中的必要组成部分，尽量避免在教育教学体系与人才培养的各个环节中被边缘化和制度化。这种与专业教育相融合的创新创业教育渗透模式，尚处于探索实施的初级阶段，在各教育教学环节的实施落实上还存在诸多问题和瓶颈。从理论上讲，创新创业教育活动和课程的开展，需要在统一的人才培养理念和实施框架下，建立系统、全面和科学的创新创业教育体系。科学的创新创业教育模式应当以专业教育为基础，参照专业人才培养目标开展系统的创新创业教育活动，建立适合专业培养目标要求的创新创业教育模式。高校的创新创业教育课程内容设计、教学过程实施模式应与专业教育有机融合，例如理工类专业应注重相关行业的技术创新，加强专业对口实践岗位的创新手段的应用。此外，创新创业教育教学应在传统专业理论知识的基础上，运用灵活的激励手段，强化与启发创新思维，在实践体验中掌握创新创业的科学规律，这就要求教育教学模式和过程方法的创新与改革，因时因地因专业制宜地采用小组讨论、案例启发、实践模拟、实地参观和实习实践等教学手段。

八、与实践教育相结合的互动模式

创新创业是具有极强的实践性与操作性的活动，对创业者的知识经验和资源积累都有一定的要求。很多高校都意识到了创新创业教育的本质属性，所以在创新创业教育活动的开展上，有意识地加强了实践活动的比重，通过购买模拟软件或沙盘教学系统，通过与创业企业的互动，整合创新创业的各种实践平台，积极开展协同创新与实践教育相结合的互动模式。一些高校尝试探索在创新创业教育中融入各种形式的实践活动，强化学生的实践体验和动手操作能力，增加学生直接的实践经验，综合培养和提升学生的创新创业能力。比如，有些高校通过努力，整合学校资源建立大学生创业园区，让学生真实体验市场环境，通过学生的实体项目运营，模拟真实的创业环境，让大学生在校园内在感受创业氛围的同时，积累创业的实战经验。

九、与素质教育相结合的包含模式

创新创业教育不应是精英教育，而应是面向全体大学生的普及性的素质教育。通过创新创业教育培养大学生的创新创业意识和精神是教育的出发点，但不应是终点。创新创业教育是实现素质教育目标的新理念和新举措，是我国经济结构调整的大背景下迫切需要大量的创新型人才的要求，是高校人才培养模式改革的必然趋势。创新创业思维、创新创业意识、创新创业精神与创新创业素质与能力是创新创业教育的核心内容，它以培养创新创业意识，敢于冒险勇于开拓的创业精神、具有创新创业素质与能力、实现人才的职业生涯顺利发展等为目标，培养高素质创新型人才为终极目标；以培养学生创新思维和实践动手能力为重点，从而使创新创业教育更具时代性、实践性和创新性。

通过完善人才培养方式，结合各专业特点，在专业课程中逐步渗透并融入创新创业内容，优化并构建创新的专业教育新体系；通过人才培养方案的顶层设计，在学生实习见习、社会实践、专业实习、素质拓展等各层次、各方面的实践活动中，注重创新创业技能的培养和提升。在实践中拓展创新思维，掌握创业技能；在就业指导工作中，以生涯发展与规划理念为统领，注重引导学生的创业选择，帮助其规划好职业生涯和创业生涯的发展路径，从而提升其社会适应能力和职业核心竞争力。

第三节　高校创新创业人才培养模式的构建

一、高校创新创业人才培养模式的内涵

创新创业教育代表一种新的人才培养模式，是适应我国经济新常态下的一种教育模式改革的发展导向，是将创新创业理念深度融入传统的人才培养模式中的一种创新。"创新创业"作为核心概念，其内涵是以构建培养拔尖创新创业人才为指向的现代高等教育模式为目的，引导学校师生不断更新和升华教育观念，深化教育教学改革，将人才培养、科学研究、社会服务紧密结合，实现从注重知识传授向更加重视能力和素质培养的转变，强化对学生创新创业精神、创新创业意识和创新创业能力的培养，切实提高人才培养质量。创新创业的人才培养模式，其外延是无限延展的，是可推广、可复制的。

二、高校创新创业人才培养模式的核心目标

（一）多元的知识结构

1.精通本专业领域的知识

我国高校培养的创新创业人才必须能够比较系统地掌握本专业领域宽厚扎实的基础理论知识及动手实践知识，具有博大精深的专业知识与技能，对本专业大多数领域的相关知识有相当程度的了解。深刻理解本专业业务流程，能够洞察其深层次问题并结合具体实际情况给出相应的解决方案。善于将本专业领域

与其他相关知识领域紧密联系起来，综合运用专业理论知识与实践知识解决创新创业实践中遇到的问题，排除障碍，不断实现产品创新、技术创新、理念创新和管理创新。

2.具有良好的人文修养

未来社会的创新创业人才必须能够掌握基础的人文知识、法律知识、历史知识、哲学知识、艺术知识等多元合理的知识结构，了解中国传统文化和世界文化的精髓，具有良好的人文素质修养。由于教育的专门化加强人文素养教育将在很大程度上改变各专门人才的单向倾向，使得学生既有科学素养，又富有人文精神，既有专业知识储备，又有健全人格。学生会从多个不同的角度看待问题，有利于发现创新点，创新创业的过程中取得创造性的成果。

3.具备多语种沟通能力

高素质的创新创业型人才必须熟练掌握两门以上的外语，必须具有扎实的外语基础，掌握良好且行之有效的语言学习的方法，精通外语语音、词汇、语义等方面的知识，具备较强的听说能力和读写能力，能够熟练运用外语进行顺畅的沟通和交流，具有和他人沟通协调及进行国际交往的能力。只有具备了多语种沟通的能力，才能拥有在全球化的经济浪潮中顺利解决创新创业过程中遇到的困难与障碍的前提条件。

（二）突出的实践能力

在能够熟练掌握扎实的专业理论知识和实践知识的前提下，创新创业型人才必须具备理论联系实际的能力，将理论知识及实践知识灵活应用到具体工作中去，只有在运用知识和理论的过程中，才能体现创新能力。在知识应用的过程中学以致用，独立思考发现实践问题并创造性地运用有效方式方法或途径，全方位地综合分析问题，具有排除创新创业过程中遇到的困难或障碍，并最终解决问题的能力。

（三）较强的创新意识

1.新颖的创新思维

对培养的创新创业人才的要求在创新方面体现为，针对某项特定的问题，创新创业人才必须能够打破常规思维的界限，具有独到的见解，提出与他人不同的创造性意见或解决方案，从而产生新颖独到的思维成果。

2. 敏锐的创业意识

创业意识是创新创业人才从事创新创业活动的强大主观内驱力，是创业活动中起动力作用的个性因素。创业意识包括宏观且敏锐的商机意识、将商机转化为现实生产力的意识、创业的战略意识、规避风险的意识和敬业意识等。创业意识的要素包括不满于现状的创业需要、追求成功的创业动机、浓厚的创业兴趣和一定时间内稳定的创业理想等。

3. 熟练的创新技能

创新创业人才必须是具有一定创新性的技能型人才，必须具有综合运用理论知识，在科学技术、管理等各种实践活动领域中不断提供具有经济价值和社会价值的新思想、新理论、新方法和新发明的创新技能。创新创业人才必须具有强烈的创新欲望和较强的创新能力、博专结合的专业理论知识和精湛的专业技能。

4. 灵敏的商业经营意识

高校培养的创新创业人才必须具有足够的市场敏锐度及强烈的创新创业意识，具备宏观地审视经济环境的能力，能够洞察未来一段时间内市场形势的走向，将好的创新意识在适当的创业时间中孵化出商机来保证企业的持续发展并驱动经济社会发展。创新创业人才必须掌握审时度势、灵活机动的商业经营谋略，掌握商业营销的基本理论与原则，能够从宏观的角度权衡各种商业经营模式的利弊，具有诚实守信的商业经营作风。

（四）较快的适应社会能力

1. 社会责任感

社会责任感是每个公民都必须具备的基本道德品质。对于能够在经济全球化浪潮中生存并发展的高校创新创业人才来说，具有服务于国家和人民的至高无上的社会责任感显得尤为重要。社会责任感包括自我责任感、家庭责任感、他人责任感和集体责任感。作为未来社会中坚力量的高校创新创业人才，更应具备强烈的社会责任感，对待工作始终保持专业的态度，具有保护环境、保护国家财产安全的意识，在大是大非面前不被金钱或利益所迷惑，始终将对国家和社会的责任感铭记于心。

2. 团队协作精神

在创新创业的过程中，不可能所有的工作都由一个人来完成，而是需要团队齐心协力共同合作。未来经济社会对高校创新创业人才的团队协作精神提出了更高的要求，培养高校创新创业人才的团队精神是适应社会经济发展的需要。

尊重团队中每个人的兴趣和成就是团队协作精神的基础，所有成员齐心协同协作是团队协作精神的核心，全体成员的向心力与凝聚力是团队协作精神的最高境界，团队协作精神反映的是个体利益和整体利益的统一。

团队中每个人都应该意识到协作精神的重要性，并且具备协调团队内部各个成员关系的沟通协调能力。只有团队的每个成员都具备团队协作精神，才能保证组织的高效率运转。

3.终身学习的能力

随着我国高等教育大众化中后期进程的不断推进，高校创新创业人才的学习时限也必然从单纯的学校教育扩展为终身学习。高校创新创业人才应具有随时随地主动学习的意识，并且具有利用书籍、网络等工具学习知识的能力，善于与他人交流学习经验。只有具备终身学习的能力，才能跟上日新月异的知识更新速度，适应未来经济社会的需要。

终身学习能力是构建学习化社会的基石，有助于提高社会成员的整体素质，为促进学习型社会的形成提供强有力的人才支持。政府应支持指导终身学习公共服务平台的构建，来为创新创业人才提供资源整合的学习支持服务系统。

4.适应环境的能力

面对变化莫测的经济环境和激烈的市场竞争，以及随时出现的需要正确迅速解决的问题和困难，高校创新创业人才需要有比普通人更强的适应环境的能力，要有更强的心理调控能力，能够保持积极而沉稳的心态。创新创业之路充满艰辛与曲折，只有具有适应环境的能力，在创新创业的道路上才会更容易成功。否则，一遇到挫折就垂头丧气、一蹶不振，在创新创业道路上只能半途而废。

三、高校创新创业人才培养模式的内容体系

（一）机制体系

1.宏观创新创业能力培养机制

一个国家的创新能力机制是这个国家的创新能力培养机制的整体发展状况和聚焦程度的反映，也是营造创新能力机制战略的重要着手点。构成宏观创新能力机制的要素主要是带有战略性与全局性规划和方法，如提高政府工作效率，加强创新能力立法，培育以人为本的权力结构，调动领导者的创造性等。

（1）提高政府工作效率

构建起责任型的政府模式，各负其责，完善服务型政府需要转变政府职能和推动社会管理体制的改革，培育和发展服务机构和中介组织，使政府逐渐转变成服务型政府，提高政府的工作效率。

（2）加强创新能力立法

加强创新能力方面的立法，有利于保护创新能力者的利益，有利于创新活动的顺利开展，有利于提高创新者的积极性，对于提高创新能力具有重要意义。为了保护创新者的利益，必须构建创新保障体系，制定有利于创新活动的政策和法律环境，促进创新成果的产生，为创新主体营造一个健康、公平、有序的法律环境。

（3）培育以人为本的权力结构

重视以人为本，就是充分发挥人民群众的历史主人翁地位，坚持人民群众是剧中人，又是剧作人。人民群众是历史的创造者。新的时代，党中央决定在2020年基本建成创新型国家，创新的主体是党、国家和人民。

党的职责是领导创新，国家的职责：是为创新提供平台，人民的职责是参与创新，为了调动创新者的积极性，需要培育以人为本的权利结构。确立和构建以人为本的权利结构，是实践中落实人的创新能力的政治前提。不仅可以实现人的主体地位和主体利益，更可以发挥人的创造性，能为人的创新能力的发挥提供更好的环境。

（4）充分发挥领导者的创造积极性

提高创新能力的途径，就是确立创新能力主体的主人翁地位。只有充分尊重人的主体地位，才能调动主体人的积极性，才会激发人的创造能力。全社会构建以人为本的理念，充分发挥人民的积极性、创造性，创新能力才能竞相迸发。为此，要树立"领创执政"的理念，领导者以身作则，学创新、敢创新、领创新，才能形成创新蔚然成风的良好局面。

2. 中观创新创业能力培养机制

构建中间的创新能力培养机制是营造创新能力机制的基础，因为中间机制与创新能力实践活动直接相关。构建中间机制的关键要从企业创新的共性与个性需要出发，主要包括政府和企业的科技投入、开展创意经济和发展文化创意产业、构建机制和平台建设、增加对创业者的资助力度等。

（1）政府对科技投入的效率

政府对科技的投入，要充分发挥政府的导向作用，政府的政策要有利于科技的创新发展和投入，同时，要有政策保障，保证科技发展的高效率。

（2）拓展创意经济和发展文化创意产业

创意经济是集约型经济的代名词，是利用知识、技术、经验、管理等创造性发展经济的创意经济。发展创意经济是我国经济发展的必然选择。发展创意经济，发展文化产业是首要任务。文化产业处于产业链的上端，有持续的产业回报。文化产业最重要的还是创意二字。

（3）增加对创产者的资助力度

创新能力的培养，主要依靠创新的主体——人。创产者是创新型人才和创新型主体，创产者创新能力的培养，需要对创产者进行必要的资金资助，维护创产者的权益，促进创产者再创造。例如，在高校、研究所建立创新鼓励机制，设立专门的创新基金，为创产者提供有利于发挥的创造性条件。

3.微观创新创业能力培养机制

微观创新能力培养机制主要是通过知识管理促进知识创新构建创新创业能力。当今人类社会已经迈上了人与自然和谐、持续发展的智能经济时代。知识社会的生产手段不再是以机器为中心，而是以人的知识与人工智能为中心。知识的产生、知识的创造、知识的开发、知识的应用、知识的发展等是知识创新的源泉。知识创新的主要形式是灌输知识愿景、沟通交流、管理知识、创设情境和传播学识。知识创新之精髓深深地植根于对超越众多对立双方的"综合"进行管理的过程之中。在知识经济成为社会发展的主要经济形态的时代，知识作为一种生产要素，构成经济发展的持续动力和战略。

（二）课程体系

结合创业者必须具备的素质，包含创业意识、创业心理品质、创业知识结构、创业能力在内的全面合理的创业教育内容体系是高等职业教育课程体系的基本要求。

创业意识是学生能否成功实现创业、是否愿意参加创业、是否接受创业知识和理念的基础。其无论是在行为上，还是在其他方面，都支配着创业学生投入创业活动的努力程度，决定着他们的观念和行为，是创业人才培养过程中的重要一环。

创业心理品质的培养。其是创业主体在从事创业行为中对心理与行为起整治作用的个体状态。培养出来的创新创业人才必须具备高质量的创业心理品质，这能够使学生在创业过程中消化因失败带来的恐惧和消极心态，可以保证其始终持有积极向上的心态和乐观的人生态度，能够适应外部环境的变化和市场的激烈竞争。

创业知识结构的建构。知识结构是指人们为实现一定的目标，在对知识体系进行一定的学习。选择后，在自己头脑中形成的具有一定层次的、互相协调的知识系统。一个人的知识越多。知识面越广、结构越合理，创造力也就越大。建立合理的知识结构是创业的必要条件。在培养方案中，除了安排系统的创业课程外，还要在通识教育课程和专业教育课程中有针对性地开设一些文理渗透课程、人文素养与科技素养课程、跨学科课程、与专业结合的创业教育课程等，形成通识课、专业课、创业课相互渗透、功能互补的创业教育多元化课程体系。

创业能力的培养。创业能力包括专业职业能力、综合协调能力、组织管理能力。创新创业人才必须具有一定的专业特长，使其可以胜任职业岗位，这也是学生是否可以成功创业的基础性条件。综合协调能力是指创业者在市场竞争中能够与周边的资源进行交互，形成独具特色的能力和水平。并善于化解矛盾，达到各方都满意的效果。组织管理能力是指创业者要学会利用计划，组织、领导和控制方式去管理企业。

坚持理论与实践相结合的原则，构建第一课堂和第二课堂相融合。实体课堂和虚拟课堂相补充、显性课堂和潜在课堂相配合的切实可行的创业教育实施途径。

1. 全校通识教育课程

应以突出学科的互补性原则设置课程，注重与创业综合素质相关知识的整合，以引导学生关注一些经济问题、社会问题或其他问题，提高其观察能力、思维能力与判断能力，具体包括以下方面：一是强化基础课程，加强人文素质和科学素养教育，使学生基础知识扎实、知识广博；二是强化文理交叉渗透课程，培养学生从不同学科的角度探讨分析问题，提高其综合运用多学科知识解决问题的能力；三是设置跨学科课程，扩大学生知识视野，加深学生文化底蕴，发展学生非智力因素。

2. 创新创业教育基础课程

一是创新知识，包括创造性思维、创造技法、发明与革新、适应与求变等。二是决策知识，包括信息获取、情报检索，预测决策、反馈调节等。三是现代管理理论，包括组织行为，人力资源、信息系统等。四是社会活动知识，包括人际交往、合作共事、公共关系、社情民意调查分析等。具体课程体系围绕创办新企业或新视野的过程展开，即围绕创新意识和创新思维、识别机会、机会评估和创办新企业或新事业过程设置四个模块的课程，每个模块有两三门课程，具体包括商务基础、创造性思维训练、创业模拟、创业案例研究和创业计划书、创意与创新、创业管理、行业分析、市场调研等。选修课程包括创业学、哲学史、科学发展史、管理思想史、美学欣赏史、管理百年经典案例、企业运营管理、人力资源管理、薪酬管理、市场营销学、电子商务、公司治理、生产管理等。

3. 创业教育专业课程

创业教育应当体现专业特色，很多学生将来从事的创业活动与所学专业是有较为密切关系的。事实上，现有的很多大学生创业的成功例子都是如此。在专业建设中要突出学生的创业素质培养，让学生学会使用各种工具将知识优化用活，形成全面的专业知识基础，要更多元地培养学生，强化学生的创业技能，让学生在创业过程中体现强大的创新力和创业意识，在创业领域具有较浓厚的兴趣。

4. 创业教育实践课程

创业教育过程要构建相对完善的创业教育实践体系。不断强化实践教学环节，提升学生创业能力。通过与创业基础课程、创业教育专业课程等相结合，积极加强"创业实验"等系列实践课程的建设；通过网络虚拟商业社区的建设等，为学生提供模拟训练等实践教学平台；通过校地、校企合作等方式。依托学校科技开发总公司、科技成果转化基地等，加强学生创业教育实践环节的训练等。

（三）评价体系

1. 体系构建方式

如果说高校创新创业教育评价观念的确立是进行评价的理论前提，那么确定高校创新创业教育评价体系的构建模式是进行评价的实践基础，是评价各要素的集中呈现，也是理论研究能够应用于实践工作的关键。

（1）体系构建

体系构建顶层设计、创业率、金字塔模型和个体发展四个方面。评价的视角包括客观高校视角和主观学生视角，评价的方法包含过程性评价与结果性评价。顶层设计涉及课程教学、师资配备、指导帮扶和实践平台。创业率包括创业活跃度、创业成功率和毕业三年创业率。金字塔模型涉及接受教育阶段、模拟萌芽阶段、实践转化阶段和成功创业阶段。个体发展包括满意度、参与度、转变度和创业能力的自评。

（2）体系要点

第一，评价主体。评价体系以高校和学生作为两个主体，以高校为主体实为通过高校主体设计与实践对高校创新创业教育进行评价，以学生为主体实为通过学生的反馈与自评对高校创新创业教育进行评价。

第二，顶层设计。评价体系的顶层设计是对高校创新创业教育体系视作过程性评价，主要原因是兼顾到高校创新创业教育实际是对高校教育资源、课程教学、师资配备、指导帮扶、实践平台等各个环节与过程的设计，顶层设计中着重体现了课程的知识传播环境由课堂教学向实践转化的过程，师资素质由系统培训到注重研究的过程，实践平台由项目训练向竞赛拉动的过程等。

第三，创业率。创业率评价实际上是社会媒体与教育行政部门对高校创新创业教育质量与效果的量化评价，直接关注的是高校学生在毕业时自主创业的比例，素材获取过程不受到主观因素的影响与介入，数据也将直接客观地用于高校创新创业教育效果的评价。通过引入三个新的创业率数据统计、呈现及分析方式，引导各个群体予以关注并据此剖析更为深刻的背景原因与优化措施。

第四，金字塔模型。学生在创新创业教育过程中会经历四个阶段，除创新创业教育课程是统一规划、面向全体、广泛覆盖的，其余环节的参与具有一定的主观性，要求学生具有相对成熟的创新想法、创业能力和创业知识，此外，每一阶段需要上一阶段的理论或实践积累，下一阶段又是对上一阶段成果的验收与考核，体现出明显的过程性。因此，"金字塔"模型能同时呈现数量变化与要素的关系，引导各个群体关注并据此分析各个环节人员变化成因并尝试进一步探索人员变化比例的合理性、个性发展。其呈现方式是以学生的自评进行，具有强烈的主观性。高校创新创业教育的最终目标是学生的全面发展与创新性人才的培养，因此学生的个性发展维度一般会在教育者设定的某一教育环节结束或教育周期终止后进行测评，虽然可能衔接下一个教育阶段，但对于教育者所施测的时段来说仍然具有一定的结果性测评意义。

2.评价观念

（1）评价主体的变化

教育评价的"主体价值"思想认为，价值是客体满足主体需要的程度，其中教育活动是客体，要在教育中满足特定主体（即受教育学生）的需要，其价值依据主体的价值需要对教育活动进行价值判断。虽然系统收集和处理信息的方法手段是客观的，但得出的评价结论因主体需要的不同而不同，因此，主体需要是评价的准则，能够影响评价的结果。在以往的评价中，学生群体多为教育评价的"被评价者"，处于消极的被动地位，其主体地位体现不明显，而评价者凭借主观的判断，难于估计被评价者的需求与反馈。

当前，高校创新创业教育评价的维度多关注于高校层面的课程、教师、环境等，而较少关注学生层面。实际上，除了通过教育管理部门主导、高校为被评价对象的评价方式外，由学生主导、高校为被评价对象的评价方式也是重要的评价方式，即注重评价者的"广谱性""全员性"，更为关注学生群体在评价中的"主体价值"以及"获得感"评价。学生群体教育前后的转变是教育效果最直观的体现，其转变的正向或负面、显著或微弱都是重要的效果评价维度。

（2）评价阶段的变化

当前，创新创业教育的评价多局限在社会经济效益层面，即接受创新创业教育后是否真正产生创业意向、是否真正创办企业等。实际上，教育评价阶段的"全程性"即教育评价不仅仅关注教育结束后的成果反馈，也应关注教育过程评价。过程评价是对教育方案实施状况进行的督导与反馈，注重对结果的鉴别、确证和检查，目标在于教育方案执行后的结果与目标一致性的问题，实质上是对教育方案高效性进行评价。而结果评价是诊断性评价，对方案实施成果进行分析，判断其是否适合继续使用、是否需要修正。

（3）评价时限的变化

在实际工作中发现，一些大学生创业者选择在工作一段时间后进行自主创业，但其创业意向与创业实践仍能够体现学生在校期间接受创新创业教育的效果。相关研究表明，创业教育中创业课程、创业竞赛、创业政策显著正向影响创业自我效能（大学生对自己完成与创业有关的活动，并成功创建一家企业的能力与自信程度）。创业教育中的创业课程、创业竞赛、创业孵化显著正向影响创业意向（学生计划创办企业的信念，并在将来某个时候会自觉履行计划）。创业自我效能感中的创新效能、机会识别效能、关系协调效能显著影响创业意向，这些令人欣喜的结果在一定程度上说明高校创新创业教育对于学生自主创业的意向与行为能够产生积极正向的引导作用。

（4）评价方案的变化

教育评价体系的制定与使用能够对教育产生极大的选优示范、纠偏扶正、价值评价作用，是教育活动开展的保障。在教育评价愈发体系化、时代化、实用化的今天，精细性、有针对性、配套性的评价体系成为新的需求。教育行政部门在政策制定时的前瞻性、广谱性，创新创业教育评价体系的制定固然重要，但相关部门与高校的理解程度、执行情况、"本土化"适应、针对性"落实"等情况也直接影响着评价的效果。面对当前高校创新创业教育的实际情况，需要教育行政部门在强化创新创业教育评价顶层设计的同时，鼓励和倡导各省市、各高校结合自身实际、办学特色、人才培养理念制定更为针对性的评价体系，实现各个指标维度的"落地"。

（5）评价取向的变化

创新创业教育的兴起与经济社会的发展密不可分，是国家"创新驱动发展战略"在高校教育与人才培养方面的集中体现。同时，在市场化经济蓬勃发展与毕业生就业高压态势并存的今天，高校学生自主创业对促进社会经济发展和带动他人就业能够起到积极主动的作用。当前，社会媒体与职能部门已经关注到创新创业教育的经济效应，利用参加过创新创业教育的学习者激发创业意向的程度，接受过创新创业教育的学生创办企业数量，创造就业岗位数量等维度评价创新创业教育质量与效果。

作为思想政治教育的重要组成部分，创新创业教育的成果不应仅仅由宏观经济层面上利用创办的企业数量和创造的就业岗位数量等作为评价，而更应关注到在教育前后师生的创新意识、创业能力的积极转变，将评价的取向由经济效应转向个人效能，更加体现创新创业教育在学生思想政治教育方面的价值与作用，在国家创新型人才需求方面起到的突出作用，这是创新创业教育顺应思想政治教育发展趋势的应有之义，是创新创业教育评价回归教育本身的应有之义。将评价取向由"经济化"走向"价值化"将是未来教育评价的一个主要变化。

（6）评价机制的变化

在当前的时代背景下，高校创新创业教育评价指标体系设计、内容确定、机制构建等方面都应时刻同党和国家发展、和大学生全面发展的需要相适应，兼顾开放性、持续性、指导性、延续性，及时在实践中进行调整、修正、完善，使得评价体系、评价方法、评价内容能及时进行完善、修正、优化，保证评价工作有效推进，形成评价的长效机制。

作为高校思想政治教育的一部分，高校创新创业教育评价机制的构建绝不应仅仅关注创新创业教育评价原则与要求，而应当在兼顾思想政治教育评价的顶层要求之下，设计个性化的高校创新创业教育评价体系，从整体和部分的辩证关系角度出发，明晰创新创业教育质量与思想政治教育质量之间的关系，同时借鉴思想政治教育质量相关评价体系的构建思路，体现整体性与包容性、独立性与特殊性，未来的评价机制将从"独立性"走向"包容性"也是必然的结果。

3.评价原则

（1）定量为主、定性为辅的原则

由于定量化的绩效评价指标便于确定清晰的级别标度，提高评价的客观性，因此在实践中被广泛应用。将创新创业教育中的各个影响因素尽可能以量化的方式来体现，遵循二八法则，选取相应指标。确保以客观数据说话，避免模棱两可的说法。

（2）领先指标与滞后指标相结合

领先指标的达成，是为滞后指标打基础，通过对领先指标的关注，可以确保滞后指标的优质完成。因此，既要关注创新创业教育的前期准备和过程开展，又要关注创业成果的转化和运营。一般来说，结果考核指标只能够反映一个过程的最终结果，我们也要关注整个事情发展的过程，不仅要提取单纯地反映出职工努力效果和成绩的滞后指标，也要提取反映出职工努力态度和行为的领先指标。

（3）内部评价和外部评价相结合

创新创业教育需要全方面、多主体、全过程的管理，既要考虑学校内部各因素的制约。也要考虑外界力量的影响。学生作为创新创业教育的对象，是最重要的评价主体，学校管理人员及其他合作部门的同事，也可以从其他视角给予相应的针对性意见，校外的专家人士及政府相关部门人员的评价意见也对绩效改进和提升有很大的帮助，所以构建多元主体参与机制，将有效推进创新创业教育的发展。

（4）目标一致性原则

绩效评价指标应该与绩效评价的目的和评价对象的运行目标保持一致，这是在选择绩效评价指标时应遵循的最重要的原则之一。这种一致性不仅包括内容的一致性，还包括了完整性的含义。评价指标应该能够完整地反映评价对象系统运行总目标的各个方面。

（5）独立性与差异性原则

独立性原则指的是评价指标之间的界限应清楚明晰，不会发生含义上的重复。差异性原则是指在评价指标之间的内容具有可比性，能明确分清它们的不同之处，在内涵上有明显的差异。评价指标名称的措辞要讲究，使每一个指标的内容界限清楚，避免产生歧义。在必要的时候可通过具体、明确的定义给出操作性的定义，避免指标之间出现重复。

（四）教学模式体系

1.“教案”变“学案”模式

“学案导学”是以让学生学会学习、学会创新为宗旨，打破过去只以教案教学的常规。以学案为载体，通过“先学后教，问题教学，导学导练，当堂达标”让学生直接参与、亲身体验和感悟知识形成的过程，探索发现问题、解决问题、形成结论、创新知识程序和方式方法。在整个教学过程中，教师不是“授人以鱼”，而是“授人以渔”；不是奉送真理，而是教学生真理。这种做法，划清了传统教育与现代教育的界限，对于培养学生的创新精神和创新能力具有重要意义。

“学案导学”是以“学案”为载体、“导学”为方法、教师的指导为主导、学生的自主学习为主体，生生、师生共同合作完成教学任务的一种教学模式。通过学生的自主学习，培养学生的自学能力，提高教学效益，让学生真正学会学习，成为学习的主人。

强化学生的自学行为，充分发挥学生的主体作用，通过引发、诱导、启迪、导学、导练，把学生由听众席推向表演舞台；让学生在动眼看、动脑思、动耳听、动口说、动手做的过程中，参与知识创新的过程，自我领悟知识的内涵，从而牢牢地掌握知识，学会学习，学会创新。在广泛学习中外现代教学理论的基础上，密切结合本校教学实际，创新性地构建了“自主探究，学案导学”课堂教学模式。使用学案改革教案，变以教师为中心为以学生为中心，变重知识传授为重能力发展，学案导学教学模式是对传统教学方式的一次本质意义的革命。它以学生的自学信息反馈为依据，以师生活动为载体，以发现问题、自我探究为主线，以学生的多种能力的养成为目标，注重对学生进行学法指导和学习策略教育，有效地弘扬了学生的主体性，体现了现代教育的特征。

2.网络环境下的自主课堂

学校充分利用师生的“自带设备”，积极探索移动互联网环境下课程教学的新模式、新方法。“线上”学生自定步调完成基础知识学习并参与讨论、参加自测。“线下”在教师的引导下，学生通过小组讨论、演讲汇报、场景模拟等实践教学。通过挖掘学生学习行为的大数据，加强对学生的学业预警和过程性评价。开展混合式教学既有利于因材施教，促进学生的个性化学习，又培养了学生的团队合作精神，使其在轻松有趣的环境中学习知识，发展能力，教师信息化教学能力也不断得到提高。

第四节　建立和实施高校创新创业人才培养激励机制

一、激励理论

激励理论是行为科学中用于处理需要、动机、目标和行为四者之间关系的核心理论，是关于如何满足人的各种需要、调动人的积极性的原则和方法的概括总结。

1. 内容型激励理论

内容型激励理论是指针对激励的理由与起激励功能的具体要素方法进行研究的理论。这种理论主要任务是满足人们的需求，即：为了激发人的做事动机，人们需要什么就去满足什么。

2. 行为改造激励理论

行为改造激励理论是指外部对人的行为有着重要的影响，激励的目的是改善和发展人的做事方式。环境对人的行为的影响起着关键作用，利用行为改造理论的基本原则，可以转换管理的角度。提高效率，该理论不仅会适用于对积极行动的激励维持和发扬，更适用于消极行动的减少和消除。

3. 过程激励理论

过程激励理论关注的是动机的发生和从产生动机到去行动的内在心理过程，企图揭示解释激励行为的一个过程。因为这种类型的研究是在激发过程，而非激励的具体方法，所以可以很好地推广到不同领域。

4. 综合激励理论

综合激励理论是在前面三种激励理论基础上发展而来，是它们的综合。任何的激励理论在复杂的实际生活中不能够满足人们的需要，便需要综合来使用。这种模式的内容是，人在取得一定的成果后，得到两种类型的奖励。首先，外在的奖励，包括薪金、晋升、认可等。根据马斯洛的需求层次，外在奖励往往是满足一些低层次的需要。因为一个人的成就难以量化，得到的这些奖励考虑许多因素，并非完全取决于个人。另一种报酬是内部奖励。这是因为工作绩效好而给的回报，如他们觉得对社会有所价值、理解和能力、自我肯定等等，对应的高层次需求的数量得到满足。但是并不是内外回报就能满足他们，注定要依靠"公正回报"来解决。换句话说，一个人会比较应得回报和已经得到的回报。如相等，他会感到高兴和鼓舞，他后来的工作做得更好。如果不是"公平的回报"，即使得到得多，他也不会觉得高兴，影响他的未来的工作。大致分为四大综合激励理论。

二、高校创新创业人才培养激励机制的运作原理

从宏观角度而言，高校创新创业教育在外部受到政府与社会机构的共同作用。政府由于社会转型升级及经济持续发展的迫切要求会进行全面改革，而在这一阶段势必会加大政府对创新创业活动的需求，在此深化改革的背景条件下，政府会对创新创业教育的研究与培养提出更高的要求，需要通过资源调配供给以及适当的政策引导推进高校创新创业教育的发展，扩大人才的供给。

对于社会机构而言，由于处在发展中国家，新兴领域及亟待转型的成熟领域为社会机构提供了充足的创业机会，在社会责任及自身经济利益的驱动力下，社会机构会更加富有创业意愿，因此创新创业领域的人才需求就越发强烈，这便加强了社会机构与高校教育领域的合作，在这样一种合作方式下，一方面可以通过资源的供给推动高校开展创新创业教育工作，另一方面可以通过旺盛的人才招聘需求调整高校的育人导向，可谓一举两得。

在内部，高校创新创业领域中全面自由发展的教育理念得到广泛的认同，高校将培养全面发展及提升综合素质的社会主义接班人作为育人的至高目标，而创新创业教育是独立于高校专业知识教育之外的一种功能，它是以学生的全面自由发展为核心任务的教育，有助于提升学生在价值重塑、人际关系及权力把握控制等方面的能力，从内生角度推动高校创新创业教育的实施发展。

从微观角度而言，高校创新创业教育的运行实施离不开教师与学生这两个主体，因此分析教师与学生参与创新创业教育的内外生动力对于从微观层面研究高校创新创业教育激励动力机制有着至关重要的作用。教师是创新创业教育的传授者，高校对于其工作量的约束及工作表现的激励举措都将会推动其从事创新创业的教学研究工作。从教师自身角度而言，他们对于创新创业教育的理论教授兴趣及目标认同都将由内而外地促进创新创业的教育研究。

同时，良好的校园文化氛围对于提升创新创业的认识与兴趣以及教职工的行为心理都有一定的促进作用。对于学生而言，他们作为创新创业的受教育者，高校可以利用其学分约束与激励举措推动其参与创新创业活动，同时他们自身的兴趣及周围群体的良好影响也将促使他们提升对创新创业教育课程的接受训练与感知认同。高校创新创业教育微观层面的两个重要主体间互为动力支持。学生参与

的创新创业需求将推动教师的教学研究，而教师的科研理论研究也会影响着学生积极参与创新创业教育课程的训练，两者互为支持，共同促进高校创新创业教育的运行发展。

高校创新创业教育的有效推动离不开激励机制的作用，它可以激发教师的创新创业教学科研激情与积极性，进而鼓励学生创新创业的行为。高校为了提升教师的教研积极性可以将创新创业教学的实践指导考核指标划入绩效考评之中，将考核结果与教师职称晋升评定联系在一起，同时对指导学生开展创新创业实践项目活动取得一定成绩的导师进行奖励，从而调动其教学积极性，同时高校还应注重对学生的创新创业激励，有关部门应当优化政策，建立良性的自主创业政策环境。高校应改革学籍管理决策制度，推行弹性学分制，让学生可以在较大弹性的学籍时间内安排学习与创业项目活动，实现学工交替，分阶段完成课程学业。同时要发挥学生创新创业的主观能动性，给予其自主发展的机会，对于那些在创新创业竞赛中获奖的学生进行一定的奖励补贴。

对于高校而言，需要建立以素质为导向的考核激励机制。首先，可以对学生的创新创业项目参与度与贡献度进行评定，然后运用综合答辩的考核方式进行综合评议；其次，可以将创新创业项目的阶段性成果作为考核标准，这既对学生的综合素质提出了更高的指标要求。同时也体现了创新创业项目的特色目标。

高校可以设置创新创业教育基金以此来健全激励机制，要科学评估教育质量与水平，对表现突出的学生给予奖励。同时，可以将学生参与的课题研究、科研项目实验及创新创业项目等成果转化为相应学分。高校与学生的协同一方面要求高校的统一领导、开放融合及全员参与，另一方面要将创新创业教育的改革推进放在教育发展的突出位置，落实其主体责任，成立工作领导小组，由校长担任组长，主管副校长担任副组长。同时，高校应呼吁全体师生积极参与到创新创业项目中，加强各主体间对创新创业教育的沟通交流，形成一种浓厚的创业氛围；另一方面，各高校面对当今严峻的就业形势，应积极响应国家政府的号召，组织和培养学生参与创新创业竞赛，鼓励成功的知名企业家进入校园分享成功的创业经验。高校在推行创新创业教育运行过程中，应建立完备的激励机制，保持与国家政策导向相一致，同时要遵循企业的人才需求目标，培养社会所需的高质量应用技术型人才。

政策激励的协同是激励动力机制中的一部分，它注重创新创业政策的可操作性及各政策间的关联性作用。近年来，中央及政府出台了许多关于支持高校创新创业教育的政策性文件。但是由于可操作性的缺乏及政府执行能力等问题，使得相关政策最终无法落实。推动高校创新创业教育需要调动各方积极性，在政策方面给予有力支持。同时，各级政府部门应当通过构建经济、教育及文化等多部门协同的工作机制，对现有的政策进行梳理总结，做到信息的及时反馈，为保障创新创业教育提供强有力的政策支持。高校应出台相应的协同政策，如构建激励机制，加强创新创业师资队伍的建设，组织参与创新创业竞赛；鼓励师生协作创业，将校内校外的创新创业资源进行整合汇聚，从而为创新创业教育工作的开展提供政策支持。创新创业政策在高校毕业生的创新创业指导服务中具有重要的激励引导与制度保障的功能，政策激励的协同包含了不同主体间的政策协同及政策先后协同，通过协同可以充分实现政策的有效作用。另外，政府在制定政策时应充分考虑高校毕业生与其他社会群体间的创业行为差异，要针对性地为其提供指导建议。

企业在激励机制的作用下，会根据自身需求融入高校的创新创业活动项目中。它将利用自身的技术，资金及渠道多与高校人才方案的规划制定中，在高校内为学生举办创新创业分享交流会，为即将进行创业的大学生进行思想上的宣传引导，以确保创新创业教育能够朝着合理科学的方向发展。企业或许还能为热爱创业的学生提供岗位实习的机会，从而为其创新创业打下坚实的基础，也为其创业梦想的完成提供更多的动力支持。

三、高校创新创业人才培养激励机制的建立原则

（一）面向全体大学生

面向全体大学生是高校对大学生创新创业激励机制的基本原则，应该切实明确全体大学生是创新创业实践的自觉主体；创新创业人才培养不是针对少数大学生的激励机制，而是面向全校大学生展开的广泛而系统的激励机制。面向全体是指高校在实施激励机制时对全校的所有学生同等对待，不论他们的年龄、性别、文化背景、家庭出身如何，不管他们生在农村还是城市、是否残疾，也不管他们对创新创业是否有兴趣，按照计划开展各项创新创业激励活动，实现创新创业的目标。尊重每一个学生的人格，应尊重每一个学生，关注每一位大学生的个体差异和大学生创新创业需要，满足不同大学生的创业需求，创设能引导学生主动参与的创新创业环境，激发他们的创业兴趣，提高他们的创新思维和创业能力，使他们通过实践积累经验，都能在从无到有水平上提升，取得创新创业的好成绩。高校要客观公正评价每一位大学生，在评价过程中，应保证所有大学生都有机会

参与创新创业理论和实践活动，要从全方位、多层次、多角度客观公正评价每一个大学生。但是评价不是要把他们分成三六九等，也不要故意抬高部分大学生、故意批评另一些大学生，而是为了更好地激励、反馈与调整。另外还可以让大学生自我评价、班级互评、学院互评等多种方法。高校的评价与大学生的评价相结合进行，更重视大学生的自评和内部互评，更多地关注大学生创新创业现状，以便进一步地激励大学生自主创新创业和提高创新创业水平。

（二）基于大学生专业教育

基于专业教育是高校创新创业激励机制的知识根基，切实明确专业基础知识与基本理论、落实实践锻炼是实现大学生创新创业的深层动力，在大学生不同专业学习中培养他们善于创新、善于发现机会、善于参与创新创业实践的能力。基于本学科专业的激励，就是旨在引领不同专业的大学生掌握本学科专业的基础知识和理论，掌握与本专业相关联的创新创业知识和技能，致力于运用自己的专业发现新问题、探索新事物、寻求新领域新点子，走向与之相关的创新创业的新道路。这是一条阳光大道，是结合大学生自己的创新思维和熟练运用专业知识和技能的大道，更能激发大学生的创新创业积极性，因为这是一个熟悉的领域，学好专业和创新创业互相促进，共同进步。高等教育是以对大学生专业为主的准职业教育。中国有句俗话说"隔行如隔山"，大学生创业如能结合自己大学时所学的专业进行，更有利于自己进行创业实践。对于高校而言，如何根据学生的专业，有针对性地进行创业方面的激励和指导，是高校做好大学生创新创业激励需要重点思考和解决的问题之一。创业能够带来的丰厚回报是很令人激动，但创业的风险也同样应引起大学生的重视。要创业必须对准备踏入的专业行业有足够的认识和充分的了解。

（三）维护动力的动态平衡

这其中包含了两个层面，一是各方对于推动创新创业教育程度的相互适应，另一方面是推动的方向要相互一致。原因在于，推动高校创新创业教育的动力相比较之下会有强弱，若要从高校创新创业的最优角度出发，并非越强越有效果。在宏观方面，如果政府社会对于创新创业教育的动力大于高校时，其社会经济发展的作用会被夸大，而政府和社会对创新创业教育则会过分强调或估高，它们将会利用资源渠道与行政压力使高校迫不得已改变原有的教育规划，不利于自身的教育发展，同时也会影响其他教学课程进行；当政府对高校创新创业教育的动力远小于高校时，其经济作用将会被低估，政府和社会对于创新创业教育的关注度会递减，高校在资源备至方面也将面临困境。在微观方面，倘若高校师生的内外动力发展不匹配，则会造成动力失衡，对创新创业教育的运行实施造成障碍困扰。从第二层面研究来看，如果仅是各方动力强弱相适应但是发展方向不一致甚至是相反，那么将会阻碍创新创业教育的实施运行。宏观角度而言，若政府和社会机构过分强调实践性的创新创业教学，而高校更为注重理论性的教学，两者对于发展导向的不一致将会使得高校的实际资源无法得到合理配置，社会也无法获取高素质的人才。从微观角度考虑，若高校注重教学水平与质量的提升，而教师则注重理论教学科研水平的提高，高校会对教师匹配的资源提出考核标准，如果教师的理论规划与高校相违背，那么，创新创业教育水平的质量与理论研究水平都无法得到可靠的保障。若高校注重激发创新创业的理念认同，而学生注重自身综合素质的培养及创业能力的提升，高校提供的课程训练将不能满足学生需求，会导致教学资源的配合失衡，收效甚微。总而言之，遵循高校创新创业教育的发展规律，走科学发展的道路是维持创新创业教育过程中各方动力动态平衡的重要保障。无论是宏观还是微观角度，师生、高校及政府间都应形成一种良性协调的关系，纵使各方主体的出发点、关注点有所不同，但是只要确保各方能够在推动创新创业教育的力量与方向上适度并保持一致。便可达到一种动态平衡的理想状态。

（四）实施分类培养

实施分类培养是高校创新创业激励机制的个性化原则，切实明确个性化指导是创新创业人才培养的基本精神，创新创业激励不仅促进学生社会责任感生成，创新精神、创业意识与创业能力及综合素质的全面发展，而且强调因材施教，促进学生个性发展。在保证全体大学生都受到同样激励的基础上，要注意挖掘每个大学生的个性和特长，使创新创业的总体目标与每个大学生的具体实际结合起来，大学生得到百花齐放的个性张扬。高校应从每个大学生的实际情况出发，区别对待，为大学生创造更多的自学、观察、操作、思考、表达、交流、表现的机会。鼓励大学生创造性学习，不求一致的行为和答案，努力为大学生创设宽容、理解、和谐、平等气氛，尊重大学生们富有个性的思维而不是让大学生人云亦云，使不同类型的大学生都找到自己创新创业的道路，使每个大学生都能体验到成功的成就感和喜悦。还要在创新创业激励过程中注意张扬每个大学生的个性。培养学生分析和解决问题的能力、人际交往和团队协作的能力。高校在激励过程中要善于对大学生启迪和帮助，要从大学生的个人实际出发，给他们创设机会参加创新创业实践锻炼，培养学生不断探索、勇于创新的科学精神和创业的魄力，要大学生们学会利用周围同学每个人不同的特长共同合作创业。

（五）协调动力间的培育转化

高校创新创业教育的运行离不开各方的共同努力，各方动力的重视发展离不开精心地培育与转化。从宏观角度来说，培养学生全面发展的路径有很多，但是若想使得以政府转型升级为导向的动力融入高校创新创业教育中，就必须对其进行政策引导与资源的合理配置。而从微观角度而言，学生针对自身综合素质的提升和能力开发的方式有很多，若要使得高校推动创新创业教育的动力通过特定途径转化为学生自身的动力因素，则必须开发培育出合适的动力载体，这种动力载体既有显性也有隐性。对于高校创新创业教育来说，显性的动力载体有政府的鼓励政策、高校的奖惩规定及政府与社会机构提供的经费物质支持等；隐性的动力载体包括大众对创新创业行为的认同与尊重以及鼓励参与学生参与创新创业的校内文化活动等。只要能够注重各方动力有层次地与各层面主体参与到创新创业教育工作中，对其动力进行合理地引导、强化与推进，便可使高校创新创业教育的运行实施达到最优的状态。

（六）强化实践环节

强化实践环节是创新创业激励机制的一个重要部分，切实明确创新创业训练是专业实践激励的重要延伸与补充，创新创业激励在注重大学生知识事业拓展的同时，更加强调大学生创新训练、创业训练、创业实践等实践操作能力的提高与专业知识的学以致用。创新创业实践是提高大学生创业意识和获得实际经验的好方法。现在大多数的大学生最缺乏的不是理论知识而是实践锻炼。强化实践的原因就是高校一直最忽视的就是大学生的实践，创新创业实践更是少。在创业实践过程中，大学生们将遇到各种不可预见的新情况、新问题，应对这些新的问题就是得到创业成长的好办法。大学生参与创新创业实践有助于把想象的情况和真实实际的社会对接，促使专业知识与实践相结合，大学生实践活动较少，对创业的辛苦没有很多认识，平时都是在课堂中学习，缺乏实践挫折和创业的问题体验，缺少耐挫力和面对解决问题的能力，很多大学生通过参加校内校外的创新创业实践活动，增强自己的耐挫力和心理素质，提高自身的创业能力。创业实践绝对是必须强化的重大环节，只会理论还是无法创业成功的，高校对大学生在实践中多激励，建立创新创业实践基地，多激励大学生走出校园参与到企业的管理实践中去，才能造就一批创新创业人才。实践使大学生在学年内积累经验，第一，高校要多举办校内创业实践活动，比如大学生商业计划书大赛、大学生创新创业展示大赛等大赛。第二，高校还应鼓励大学生们参加社团组织活动、创业见习、职业见习、兼职打工、求职体验、市场和社会调查等活动来接触社会，了解市场，并磨炼自己的心志，提高自己的综合素质。第三，创业实践活动无处不在，高校应建议大学生平时要经常与有创业经验的亲人和好友交谈聊天学习，甚至是可通过电邮和电话认识自己喜欢的创业家。高校可提供一些企业家的联系方式，这些成功者的经验远远比书上的知识更丰富更实用。这种交往，能够得到第一手创业经验，使大学生们学到更多，成长更快。第四，高校应激励大学生们从事真正的商业行为，主要鼓励即将毕业的大三大四学生，让他们在毕业前就可进入创业的初始阶段，可与同学合作承包一个店铺，或加工、修理，或销售、服务等，在实干中体验创新创业，这是毕业生们进入社会前的一大学习，为将来创办企业打下了坚实的基础，培养了他们分析问题和解决问题的能力、组织协调能力、管理能力、应变能力、语言表达能力，更好地做好毕业后的创业准备，顺利走向社会，成就自己。

（七）防止各方动力的异化发展

高校创新创业教育的动力一旦调控不准确，或者力度与方向把控不稳定，极易产生异化现象，动力异化主要表现在教育的工具化与应试化方面。政府及社会机构在推动创新创业教育的过程中，将其看作是社会转型升级与创业机会的工具，过度强调短期成果忽略教育自身的价值规律，这便是工具化的体现。高校在这种错误化的引导下，会局限地关注学生的理论支持培养而忽略创新理念的迸发，同时也违背了全面自由的育人观念。而应试化则是高校通过考试的传统方式对学生参与创新创业活动情况进行局限地考核，无法从真正意义上体现学生的真实创业认知和综合素质，同时在一定程度上会打击学生的积极主动性。因此，高校在坚定创新创业教育发展目标时，要始终牢记自由全面育人的教育理念。在此基础上形成特色的课程理论教学与科研方式培养，高校还可结合各方动力主体的建议策略，进行沟通交流，深刻总结认识创新创业教育的发展规律及本质特点。

（八）创新创业激励机制应贯穿高校人才培养的全过程

贯穿人才培养全过程是高校对大学生创新创业激励机制的落实程度所在，切实明确把创新创业激励融入人才培养目标中，并在培养创新创业人才、促进大学生就业与自主创业过程中的不可替代作用，引领大学生们拥有进入社会之后实现岗位就业、岗位立业、开拓事业和创办企业的基本价值判断力、自主学习力、实践操作力、开拓创新力与国际竞争力。首先，高校应尽快转变对大学生人才培养指导思想，去除传统的模式。毕业生就业难的问题，原因之一是高校的人才培养"以就业为导向"引起的。只有调整从找工作的目标到创业目标，才能积极推进创新与创业相结合、创造与创新相结合的人才培养进程。在高校内所有的专业学科、学院成立创新创业教师队伍。要激励大学生创新创业，必须要有一群极有创新创业精神和水平的指导老师。高校应制定一个独特的组合，整合专业与非专业、校内与校外、学校与企业的创业指导队伍，帮助指导老师们提高理论和实践指导水平，这是促进大学生创新和创业关键的一项措施。教师首先要有创新和创业精神，学会标新立异，敢于创造和发现新的东西，不断地改革创新创业激励方法，以大学生为中心，积极运用不同的引导方式，如研讨会和活泼的实践教学，调动大学生创新创业的积极性，激发兴趣和创造潜力。要想贯穿高校人才培养的全过程，还需要注重几个方面：第一，高校要从大一开始就对全校大学生进行创新人格、个性的熏陶，贯穿整个四年的生活。完整的人格，包括知、情、意、行四个方面，培养创新人格，就必须在大学生打牢科学文化知识的基础上，调整大学生的心理构造，重视认知的培养，建立科学的人生观、世界观，形成健康的个性；增强大学生意志力，形成不畏困难、不怕挫折的勇往直前的精神；增强自我认识，使大学生学会自我学习和进步。创新人格主要指的是建立科学意识为内容的正确的人生观和世界观，创新的时间活动是长期的、艰辛的、创造的，创造者必须有创新的最初的动力，那就是内心的力量。第二，培养创新的思维方式。创新的思维方式是相对于传统的思维方式而言的，是打破常规，拓展思维，产生一些新想法和做事方式。拥有创新的思维理念是所有创新实践的关键，决定创新的实力。高校应多注重引导大学生用全新的视角，结合所学的专业知识，思考问题，让大学生们不要固守成规，大胆假设和思考，高校应该具有包容力和鼓励的激情，使大学生的创新思维能力得以开发与运用。第三，高校应注意培养大学生的创新创业意识，这是创新创业激励机制的重要组成部分，没有创新创业意识，大学生们就不会往这方面努力和学习，大学生一旦有了创新创业意识，就等于创新创业激励机制成功了一半。高校高质量的完善的创新创业激励机制必须能够让大学生们内心深处有强烈地想要创业的奋斗目标。确立开阔的毕业就业观，这是变外激励为自我激励，被动为主动，激励机制才能真正地起作用，大学生们将以创新创业发展的视野一步一步地走上创业道路，寻求创业发展的自立之路。实施创新创业激励机制绝不是纸上谈兵与一时兴起的事情，而是从大一到大四，贯穿高校全体学生的人才培养中的实际操作。

四、高校创新创业人才培养激励机制的实施对策

在高校创新创业教育协同机制的运行过程中，其决策主体方可以制定科学合理的管理规划，明确自身的工作任务，以此确保各参与主体方可以共同协作，拥有高度统一的思想意识与发展目标，从整体利益最大化的角度出发，发挥最大效能。同时还应制定相应的行为规范与工作流程，要求各方严格按照规章准则进行工作任务的开展推行，在所制定的标准体系内高效率地完成工作，并且还应制定奖励机制，此机制应以协作参与、信息透明共享作为行动准则，以此更好地协调各方代表高效完成项目决策，增加之间的沟通、交流与了解，培养各方代表间的合作默契能力，确保运行过程的公平、公正与公开，通过奖励机制可以有效地提高促进各方的竞争协同意识，从而提高高校创新创业教育机制整体的协同工作效率。

提升高校创新创业教育协同作用的关键在于完善利益分配制度激励企业及行业单位参与高校创新创业合作教育，就应完善利益分配与实施机制。首先，高校应当建立创新创业教育专项资金，用于支持校企协调培养机制，提高高校教学条件及设施建设。其次，高校还应对协同培养的企业及导师付出的指导工作进行激励补偿，以提高参与创新创业教育协同培养学生的兴趣与积极性。再次，高校要优化校企合作教育指导教师的考评标准，切实有效地对其教学质量与工作量进行评价，建立高效的晋升机制，以此激励指导教师重视学生能力的培养。最后，在分配利益时，要明确高校、企业等主体间的责任，建立健全责任追究机制，以此激扬高校创新创业教育的协同发展。

（一）外部激励与内部激励相结合机制

开设指导大学生创新创业的课程，包括必修课和选修课，提升学分外部激励方面，每个院系要开设创新创业课程，但对不同专业的大学生要因材施教。高校往往是不论什么专业都讲一样的课，造成大学生创业的领域与专业没有什么关系，资源浪费。大学生上了那么多年的学，要能学以致用，把自己学到的丰富的专业知识储备用到现实和追求自己的理想中去，为自己所用。因此，高校在开设课程的时候应该针对不同院系和专业，必修课和选修课都要开设，上课时不仅要普及创业的意义、创业的准备、如何创业等普遍性常识，引起他们的兴趣，培养创业意识和精神，而且要教授相关案例，并结合所学专业如何运用自己的专业知识，去在自己熟悉的专业领域创新创业，成功率更大，其中对企业的创建和管理内容应该重点讲解，这样更能引起他们浓厚的兴趣和提升大学生们创新创业的自信心。

这是必修课。选修课方面可以根据大学生的兴趣选择，当大学生创新创业的兴趣不在自己的专业领域时，可以再选修这方面的课程，在选修课中会教授不同领域的创业准备、创业素质、创业过程和创业方法等，这在校外很难学到的知识，需要高校开发一些创业类教材，包括对创业者个人性格和素质的评估、开发和训练，管理别人即策划、经营、经济、市场评估等，当然，这些课程的学分需要提高，激发大学生去学习。

在高校中大学生缺乏动手实践机会，光听光看是不足以引发大学生的兴趣的，不足以渲染校园创新创业气氛的，还需要大学生实际动手操作。兴趣需要在实践中慢慢产生，提高大学生自身的耐挫力，人际交往能力和心理素质都须在实践中得到锻炼和提升，当大学生在参加实践中发现自己的素质得到了提高，更加肯定自己，更积极地继续参加实践，这是一个良性循环，体现了外部激励和内部激励的融合。让大学生参与到高校的日常事务和管理中去，激发他们的工作激情。大学生们对高校的工作都有参与的欲望，愿意为同学们贡献出自己的一分力量；安排任务工作时需要考虑到每个学生的兴趣和特长，以自愿为原则；工作需要在大学生的能力范围之内，但是又要有一定的挑战性；在选择大学生担任高校重要职位之前要根据他们的创新创业成果来选拔，这样就更增加了大学生的创新创业积极性。参与也是一种乐趣，是一种给自己受到赞赏的机会，它能满足人的归属和自我存在感的需要。从选拔来看对大学生来说就传达给他们一种信息，那就是，老师和领导对他们的信任和肯定。这既起到了精神上的激励作用，又激发大学生去实践，增强责任感。从高校起培养管理的创新创业人员。高校内设立"创业区"，大学生可以把大学当作一个社会，高校鼓励大学生在这个区域内开放自己的思维，张扬个性。在创业区里，大学生可以运用自己的聪明才智和创造力，创造各种小企业，小公司，从事经商的工作。同时，创设机会让大学生们可以与真实的社会接触联系，通过高校内建立的大学生创新创业社团、创业校友联合会、创业咨询机构和高校各院系或校级的项目与校外的企业、公司和社会组织建立合作，大学生可以到这些组织中去学习、实习和服务。这些都可以在大学生的课余时间和假期期间进行，不会耽误课程任务的完成，而且这些工作也是大学学习任务很重要的一部分，大学生在实践中得到的成绩可以获得高校学分、奖学金和奖状的奖励，也会得到企业和社会的认可。从这些活动中，大学生们认识到自身的潜力与价值，从而更加积极地看待自己，肯定自己，为自己今后的就业打下坚实的基础，大学生的就业难的担心也会随之减轻，有"条条大路通罗马"的良好心态，为未来的无障碍地参与社会生活做奠基。适应现在的就业单位，不只看大学生的学历，更注重工作经历，这些就是他们的简历，更有分量的简历，只有适者才会生存，高校应该顺应时代的发展，不能够依然停滞不前。

内部激励措施方面还有在大学生组织学校活动时，让他们自己做主，发挥新时代人才的聪明智慧和潜力，运用宽领域的创造性去开展创新创业活动，对于举办顺利和成功者，院系、学校老师和领导应给与充分的支持和鼓励，让他们对自我的价值认同，从而更加努力地举办创新创业活动，该发奖状的发奖状，该提升的提升职位，升到上一级的职务中继续学生工作。在这个过程中，大学生既在组织中体会到管理的创新，也懂得了创新创业活动的内涵和乐趣。

从国家角度制定高校各项创新创业协同运行的新政策。政府主导着制定计划及政策资源，可以积极引导企业和高校参与到创新创业教育活动中。以政府为主导，制定多维协同的创新创业教育模式的激励制度，在多维协同创新创业教育的运行过程中，高校是实现创新路径的主体，而政府则是创新制度的主体，制度的创新可以推动路径的创新。政府作为资源的调配者，应制定有利于学生创新创业发展的激励政策，以此减少创业风险，提供一定的资金保障。例如，政府可以制定多维协同的育人制度，促进人才培养体系的开展建立。也可以设计规划创新创业课程，调动各方主体参与创新创业的积极性。同时，政府还应重视通过管理及资源配置等手段，积极协调处理好高校，企业和政府三方主体间的关系，促使创新创业教育合作的顺利进行。

建立健全创新创业的法律法规及政策，鼓励高校毕业生自主创业。政府可以协助高校创办创业竞赛，为学生提供沟通交流的平台，为一些优秀的创业项目提供资金支持，以完善社会创业环境。政府可以设立创新创业项目资金。创新创业教育的运行过程离不开外部环境的支持，因此政府需要优化创业环境，设立创业基金，利用财力、技术等资源优势助力高校人才的创业培养，拓宽创业渠道，扶持高校毕业生创新创业企业的健康成长。从国家层面角度考虑，要重点对学生创业项目进行扶持，设立创新创业专项基金作为创业活动的启动资金，同时也可设置学生创业培训资金补贴。

加大对创新创业知识产权的保护力度，保障创业学生群体的合法权益。在创新创业的实践活动中，由于缺乏对无形资产专业评估的中介机构，学生的创业成果往往被低估忽视，因此在发生产权纠纷时会损害创新创业学生的权利，使其处于弱势地位，所以政府对于高校创新创业法制环境的优化迫在眉睫。对于企业而言，可以让企业导师进入高校为创新创业的学生提供指导性意见，将产业部门的人才需求反馈到教学科研的规划中，有针对性地对高校创新创业人才进行培养。

高校应当与企业积极合作，完善校企协同人才培养的模式。在前期产学研结合的基础上，推进全面协同育人工作，将服务于经济社会发展作为培养的目标方向，同时，校企联合培养的创新创业人才可以充分利用高校与企业的教学资源与环境，发挥各方优势，加强高校与社会政府间的沟通联系，激发产学研合作教育的主体动力机制。企业与高校合作的最直接外部动力便是市场需求及通过产学研产生的合作收益。由于创新创业与产学研合作会给企业带来相应收益。从而刺激了企业对其合作的意愿，进而增加了合作经费、人资及物力成本的投入。通过产学研合作教育可以培养具有实践能力的高素质型创业人才；科学有效的教学课程规划也促使了高质量师资队伍的产生：在产学研的合作教育下，师生们都得到了宝贵的实践机会与经验。强化高校学科与产业发展协同机制。高校的学科建设与产业的协同发展不仅是单一学科和企业的对接，更是跨区域学科集合的对接联动。这种合作形式在一定程度上可以促进产业的转型升级，有利于提高高校集群服务的能力水平。发展实体型的产学研教育合作创新模式。产学研结合是企业与高校共同构建的联合创新实体，它是一种由松散到紧密发展的创新模式。高校通过此创新模式的合作途径，不仅可以充分利用智力资源，而且可以提高解决问题的能力，为科研创新开发团队提高强有力的载体。企业在高校创新创业教育协同机制中也发挥着支撑作用。企业是技术的应用者，追求利益的最大化者及创新成果转化的推动者。企业可以通过发挥创新创业教育的作用，达到获取人才、财力及技术的目的，从而降低了成本，增加了企业的收益成效。企业可以配合高校开展参与创新创业项目，形成主次分明的特点。同时，企业也可通过高校资助人才培养体系计划，以高收益回报的形式反馈参与信息。企业责任具体表现为市场技术的拓展、科研成果的转化及技术供给的需要等。

（二）宏观激励与微观激励相结合的机制

在宏观上，良好的创新创业校园文化思想氛围是引发大学生注意力、产生创业意识的催化剂，是提升大学生创造力、创业成功的助推器，是高校新式教育成功的基础。创新创业专注于把大学生被动择业转变为主动创业，应该将"强调个人的努力、机会平等"的平等思想与每个大学生创业相联系，形成一个可以激励创业、包容失败的气氛。

高校可以通过校报、校园广播、校园网、海报和宣传板等载体向大学生宣传国家、各地方和高校对大学生创业的优惠政策，当地或本校大学生创新创业成功案例和成功企业家的创业史。开展学术交流会、学术报告会和讲座等，尤其是邀请社会上成功的企业家来校指导，拓展大学生的视野，传授创新创业的相关理论和实践知识，让大学生开始接触到创新创业这一全新的领域，在渐渐了解中萌发兴趣。

在具体的微观措施方面，对于在课堂上积极发言、积极表现，产生新想法、新点子的大学生增加学分。课程教授不必局限于有高学历的有科研的教授，这个制度需要改革。在澳大利亚，进行创业培训的很多教师是具有高等教育背景的企业家，具有扎实的理论基础和丰富的实践经验，而我国这方面的师资严重不足，这是当前我国高校创业激励实施过程中的薄弱环节。我国可以聘请社会上的成功创业者、企业家、从高校走出去创业成功的人来校园内定期讲课，高校与这些有实际经验的"老师"们签订合同，长期合作。这就弥补了高校内编制内教授擅长科研和学术理论研究，但没有创业的实践经验，无法教授大学生创业的实践知识的不足。启用企业家"老师"，可以启发大学生的创业思路，拓宽创新创业视野。

（三）奖励与惩罚相结合的激励机制

麦格雷戈的 X 理论—Y 理论：X 理论的意思是人的天性是懒惰的，不愿意工作；人的天性是明哲保身，不愿意承担责任；人的天性喜爱稳定和安全，不喜欢变化。因此应该对他们实施严格的控制。针对 X 理论提出了 Y 理论，他认为人并不是天性懒惰的，在一定条件下人是愿意发挥自己的才能潜力和创造性，控制绝对不是好的方法，应该实施激励措施，而不是强迫。所以对大学生的创新创业方面，他们并不是懒惰，而是不了解，缺乏激励。激发他们的兴趣和潜力，让他们有动力去行动；使他们的精神世界得到成长，提高耐挫力、人际交往能力和心理素质；满足他们的自信心，使他们得到周围人的肯定，实现自我价值。

乔伊·洛尔施和约翰·莫尔斯的超 Y 理论中表明一些不愿参与工作和承担责任的人，更愿意以规章来约束自己，以 X 理论作为指导原则，而有自制力，想要发挥创造性的人，更欢迎 Y 理论的指导。因此对有主动性、积极地参与创新创业活动的大学生应该应用 Y 理论，对他们赞赏和奖励；对于懒惰，不愿发挥自己创造性潜力的大学生用 X 理论比较合适，对他们进行相应的惩罚措施，反而能够取得很好的效果。奖惩分明，才更能激发大学生创新创业的积极性。

（四）优化激励要素的配置

建立与完善高校大学生创新创业激励机制并不简单，其关键是要对各参与主体进行动机激励，动机受参与主体自身观念体系、个人素质及情感因素等的影响，而参与主体，主要是教师和学生的个人素质状况又受到学校管理水平、校园文化氛围、硬件设施建设等的影响。

因而，在创新创业教育过程中，首先要发挥情感教育的动机激发功能，引发学生自身的学习和创造激情；其次，要通过学校内部的各种奖惩机制构建与优化课程改革与学分设置等来激发教师及学生之间的创新创业互动和行为。而且，在发挥显性课程激励作用的同时，还要特别注意发挥校园文化等隐性课程的育人功能，建立课堂内外的创新创业动机激励机制。

1. 创新学分具有激励的功能、评鉴的功能

创新创业活动要科学化、规范化，那么，高校在实施创新学分的过程中就要注意以下几点：一是明确规定创新学分的内容及范围，使学生对它有一个清晰的概念；二是对创新学分的评定标准进行细化，对其研究成果能取得的学分做明确规定，如学生取得的创新学分可以冲抵教学计划总学分中的哪部分等。另外，规范化的创新学分运作制度，可以对大学生创新创业活动产生明显的激励效果。

2. 加强学校的硬件设施建设

建立创新创业基地，激励更多的创新创业活动。欢迎公司企业、社会基金进高校，建立创新实践基地、创业孵化基地，建立校内外相结合的课题组，指导学生开发研制新产品，创办新企业。

（五）注重物质与精神激励并举

有效的激励，必须通过适当的激励方式与手段来实现。在实施创新创业活动过程中，应该针对不同的对象给予不同的激励。传统的激励手段有物质激励和精神激励这两种。任何物质奖励都体现了一定的物质利益，但现在学生激励机制运行中仍然存在着那种只有象征意义而无实在利益的虚奖，不利于学生的激励。那些学生必须经过激烈角逐，才获得竞赛一等奖，但得到的只是一个"虚"荣，大大削弱了奖励的作用。

创新科研经费是最基本的物质保证，学校若只表面鼓励学生参加科研活动，却没有提供相应的科研经费，很容易使学生陷入艰难的境地。因此，高校应强化相应的物质奖励。与此同时，在整个奖励过程中，还需要把物质奖励和精神鼓励有机结合起来，评出真正的优秀者，给予一定的褒扬，这样就会起到更大的激励作用。

这种实行公开、隆重的奖励有它自身的两大好处：其一，便于监督，从而抑制奖励过程中的不公正现象，增强奖励的公正性和合理性；其二，使奖励的榜样

具有更好、更广泛的示范效应，把对"点"的激励扩大为对"面"的激励。针对在校大学生创新创业，高校不但要在政策上给予一定的支持，还要在创业启动资金以及相关的设施和场地上给予一定的支持，这样才能切实减小大学生创新创业的压力和困难，更加坚定他们创新创业的信心。

在大学生创新创业活动中，要认真深入地对学生主体的需要类型、动机及追求特点等进行准确分析，然后综合有效地运用各种激励方法，有针对性地采取激励手段，使创新创业教育工作更加有效。

（六）保持激励过程的及时性、持续性

站在心理学的视角，在激励过程中，良好的信息沟通渠道非常重要，激励信息要及时、明确、连续地传送到需要获得者的手里。"及时"即操作和强化之间时间段的最小化。换句话说，也就是值得表扬事迹的发生时间与表扬的时间差距愈大则表扬的激励效果愈小。在平时的活动中，学生参加创新创业活动所取得的成果，应获得相应的创新创业学分，而学校对此学分的认定程序应该流畅，而且应该及时，只有这样才能有效激励学生。

所谓的"持续"，则是指激励信息保持合理的频率。心理学家认为，对人们良好行为的及时激励很重要，能使人们迅速产生积极的心理反应，并且对自己获奖行为记忆深刻。那么在经过多次重复激励中，可以使人产生积极的心理动力定型，进而养成优秀的心理品质。从这个角度来说，增强激励的持续性，能更有效地发挥激励的效果。

参考文献

［1］ 吴金秋. 中国高校"融入式"创新创业教育 [M]. 哈尔滨：黑龙江人民出版社，2013.

［2］ 吴光明. 中国高职院校创新创业人才培养的理论与实践 [M]. 大连：东北财经大学出版社，2016.

［3］ 娄春伟，白超. 创新创业基础："互联网 +"创业 [M]. 成都：电子科技大学出版社，2016.

［4］ 谢志远. 高职院校新技术应用的创新创业人才培养的探索与实践 [M]. 杭州：浙江大学出版社，2016.

［5］ 王宏. 高校大学生创新创业能力培育研究 [M]. 长春：吉林人民出版社，2017.

［6］ 王占仁. "广谱式"创新创业教育通论 [M]. 北京：教育科学出版社，2017.

［7］ 邓如涛. 新常态下高校创新创业教育研究 [M]. 成都：电子科技大学出版社，2017.

［8］ 李容芳，谢强. 大学生创新创业指导 [M]. 成都：电子科技大学出版社，2017.

［9］ 耿丽微，赵春辉，张子谦. 高校大学生创新能力培养与创业教育研究 [M]. 成都：电子科技大学出版社，2017.

［10］ 蒋雯，张晓芳. 创新创业实践与能力开发 [M]. 上海：上海财经大学出版社，2017.

［11］ 张成龙. "设计 +"艺术类大学生创新创业人才培养模式及路径 [M]. 长春：东北师范大学出版社，2018.

［12］ 潘斌. 高校创新创业人才培养模式研究 [M]. 西安：世界图书出版西安有限公司，2018.

［13］ 丁琰. 地方应用型高校创新创业教育与实践研究 [M]. 延吉：延边大学出版社，2018.

［14］ 陈建，严行. 大学生创新创业基础与实务 [M]. 北京：国家行政学院出版社，2019.

［15］ 谭新华. 大学生创新创业教育案例分析 [M]. 北京：国家行政学院出版社，2019.

［16］ 高连宏. 高校创新创业教育理论与实践 [M]. 北京：现代出版社，2019.

［17］ 汪艳，胡仁东. 高校创新创业学院生成与发展研究 [M]. 青岛：中国海洋大学出版社，2019.

［18］ 李国辉. 高校跨学科复合型创新创业人才培养模式研究 [M]. 长春：吉林文史出版社，2019.

［19］ 姚远，冉玉嘉. 高校创新创业教育生态系统构建研究 [M]. 成都：四川大学出版社，2019.

［20］ 孙小华. 大数据应用与创新创业 [M]. 杭州：浙江大学出版社，2019.

［21］ 李喆. 地方高校创新创业教育研究 [M]. 济南：山东人民出版社，2020.

［22］ 翁士增. 创新创业教育与实战 [M]. 杭州：浙江大学出版社，2020.

［23］ 单林波. 大学生创新创业思维与方法研究 [M]. 北京：中国商务出版社，2020.

［24］ 邓向荣，刘燕玲. 大学生创新创业 [M]. 北京：北京理工大学出版社，2020.

［25］ 王晓辉. 隐性知识视域下高校个性化创新创业人才培养模式研究 [J]. 科技创业月刊，2020，33（11）：160-162.

［26］ 蔡玉婷. 高职学生创新能力培养现状与对策研究 [J]. 产业与科技论坛，2020，19（22）：107-109.

［27］ 李水根，谢翔宇，刘洪宇，等. 地方本科高校创新创业人才培养模式研究 [J]. 文化创新比较研究，2020，4（32）：46-48.

［28］ 蔡卫星，张学. 高职院校创新创业人才培养新模式研究 [J]. 佳木斯职业学院学报，2020，36（11）：164-165+168.

［29］ 杜振宇，许莹莹. 个性化教育视角下大学生创新创业能力培养研究 [J]. 文化创新比较研究，2020，4（31）：59-61.

［30］ 陈筱. 新形势下提升大学生创新创业心理素质的途径研究 [J]. 中国多媒体与网络教学学报（上旬刊），2020（11）：153-155.

［31］张雯．心理健康教育在高校创新创业人才培养中的作用探索［J］．就业与保障，2020（20）：63-64.

［32］郭爱美，朱玉红．高校创新创业人才培养实践的改革路径探析［J］．创新与创业教育，2020，11（05）：33-39.

［33］冯岩．高职院校创新创业型技术技能人才培养的研究与实践［J］．农家参谋，2020（23）：270.

［34］许加柱，帅智康，罗安．以创新创业为导向实施高等教育供给侧改革［J］．电气电子教学学报，2020，42（06）：38-40.

［35］黄雪飞，宫晓慧．融入人文素养教育的高职院校创新创业人才培养模式研究［J］．安徽职业技术学院学报，2020，19（04）：61-64+68.

［36］蔡翔华，黄秋明．高校推进创新创业教育的时代逻辑和发展路径探析［J］．上海第二工业大学学报，2020，37（04）：326-331.

［37］王肖芳．基于培养创新创业人才的地方本科高校实践平台研究［J］．桂林航天工业学院学报，2020，25（04）：528-533.

［38］蒋东玉．实践应用型本科院校创新创业人才培养模式的思考［J］．产业科技创新，2020，2（35）：121-122.

［39］倪国爱，高天星，王丽萍，等．协同育人视域下高校创新创业教育生态系统的构建［J］．铜陵学院学报，2020，19（06）：110-112+116.

［40］周猛．创新驱动视角下高校创新创业人才培养机制探究［J］．创新创业理论研究与实践，2020，3（23）：61-63.